Reinhard Abeln, Adalbert Ludwig Balling,
Johannes Kuhn

Zum Glück ist man nie zu alt

Geschichten und Gedanken heiterer Gelassenheit

Zum Glück ist man nie zu alt

Geschichten und Gedanken heiterer Gelassenheit

benno

Bibliografische Information der Deutschen Nationalbibliothek
Die Deutsche Nationalbibliothek verzeichnet diese Publikation in der Deutschen Nationalbibliografie;
detaillierte bibliografische Daten sind im Internet über http://dnb.d-nb.de abrufbar.

Besuchen Sie uns im Internet unter:
www.st-benno.de

Gern informieren wir Sie unverbindlich und aktuell auch in unserem Newsletter zum Verlagsprogramm, zu Neuerscheinungen und Aktionen.
Einfach anmelden unter www.st-benno.de.

ISBN 978-3-7462-4821-9

Covergestaltung: BIRQ DESIGN, Leipzig

Gesamtherstellung: Kontext, Lemsel (A)

Inhalt

Ein Wort zuvor

Warum leben Humorvolle länger?

Warum auch glücklicher?

Der Grieche Äschylos aus dem antiken Griechenland verschrieb einst seinen Freunden täglich ein paar Tropfen Freude. Der Römer Seneca philosophierte, es sei „des Menschen würdiger, sich schmunzelnd über das Leben zu erheben, als es zu beweinen". Er fügte allen Ernstes hinzu: „Um das Menschengeschlecht macht sich verdienter, wer es belacht, als wer Tränen darüber vergießt."

Bei diesem Lesebuch geht es weder darum, die Menschheit zu „belachen" noch sie zu beweinen; es geht vielmehr darum, ein wenig Schmunzeln, Freude und Heiterkeit zu erzeugen, getragen von bewusster Gelassen- und Zufriedenheit. Der Gelassene ist häufig auch der Geduldige und Hoffende.

Schon in der Antike hat man Tieren in den Mund gelegt, was Menschen dachten oder sagen wollten, aber nicht den Mumm aufbrachten, sich laut und verständlich zu äußern. Die Tierfabeln von Äsop bezeugen es. Und der Franzose Jean de La Fontaine (1621–1695) folgte den Spuren der Griechen. Johann Wolfgang von Goethe hatte mit seinem Tier-

epos „Reineke Fuchs“ etwas Ähnliches im Sinn: den Mitmenschen die Meinung zu sagen, ohne auf sie mit Fingern deuten zu müssen. Früher, als noch Kaiser, Könige oder andere Fürsten den Ton angaben, riskierten es nur Hofnarren, die Regierenden zu kritisieren. Mit der Demokratie kam die freie Meinungsäußerung – und die Narren an den Adelshöfen verschwanden allmählich. Was blieb, sind Episoden und Anekdoten; Minigeschichten, leicht zu merken; einfach nachzuerzählen, aber selten ohne Humor. Nicht alle strotzen vor Witz, aber die meisten regen zum Schmunzeln an.
Eine weitere Gattung, Wahres und Wichtiges in knappen Worten weiterzugeben, ist der Aphorismus. Es sind meistens Sinnsprüche, die man sich deshalb gerne merkt, weil sie einen leicht zum Nachdenken, aber nicht selten auch zum Schmunzeln bringen. Wir haben Dutzende solcher Texte, meist offen und deutlich, mitunter auch versteckt oder zwischen den Zeilen, hier eingefügt. Ein paar Beispiele:

Bernhard Shaw: „Ein verheirateter Mann kann tun, was er will, wenn seine Frau nichts dagegen hat.“

Felix von Ekhardt, der schier schon legendäre Pressesprecher von Konrad Adenauer, brachte es auf den Punkt: „Man soll nichts überstürzen, schon gar nicht die eigene Katastrophe!“

Manfred Rommel (Sohn von „Wüstenwuchs“ Erwin Rommel und langjähriger OB in Stuttgart) äußerte sich über die als besonders sparsam geltenden Schwaben: „Solange es nur das Leben gekostet hat, haben sich die Schwaben nicht angegurtet; aber seit es 40 Mark Strafe kostet, tun sie es 100-prozentig!“

In Sachsen sagt man: „Man muss äs Läbn äm näm wies Läbn äm is!“ („Man muss das Leben eben nehmen, wie das Leben eben ist!“) – Ein Galgenvogel sagte es mit seinen Worten: „Dia Woch goht schoa guat a!“ Knapper lässt sich Galgenhumor kaum ausdrücken; es war Montagmorgen und soeben wurde ihm der Strick um den Hals gelegt.

Ernst Jünger: „Jeder Mensch hat seine guten Seiten; man muss nur die schlechten umblättern!“

Jetzt wieder zurück zur Frage, warum Humorvolle länger leben – und wohl auch glücklicher: Sie wissen sich selber nicht zu ernst zu nehmen; sie sind gelassener und sicher auch geduldiger – mit anderen und mit sich selber! Sie schmunzeln gern und freuen sich des Lebens. Sie wissen: Wer Humor hat, wer die Welt und das Weltgeschehen nicht zu ernst nimmt, weil er an ein höheres Wesen glaubt und so sich geborgen fühlt, wer im Laufe seines Lebens etwas weiser geworden ist, vielleicht auch einfühlsamer und verständnisvoller gegenüber seinen Mitmenschen, der ist allemal im Vorteil. Mit Witz und Humor übersteht man so manche missliche Situation; mit Gottvertrauen auch. Oder wenn man es versteht, sich notfalls anzupassen und das Beste aus den jeweiligen Vorgegebenheiten zu machen. Wie zum Beispiel jener Tourist auf Afrikasafari, der mitten im Busch von einem Großwildjäger gefragt wurde, ob er denn auch Jagd auf Elefanten machen wolle. – „Ja“, gab er zur Antwort, „neuerdings!“ – „Wieso neuerdings?“ – „Ach“, antwortete jener, „ursprünglich wollte ich seltene Schmetterlinge sammeln, aber dann habe ich meine Brille verloren ...“

Liebe Leserin, lieber Leser, erwarten Sie bitte kein Witz- oder Anekdotenbuch. Viele der Beiträge dieses Bandes geben Impulse zum Nachdenken. Aber der Grundtenor soll dennoch ein heiterer und optimistischer sein, einer, der Mut macht und Hoffnung und Zuversicht – und auch in den späten Lebensjahren den Glauben an „ein Weiterleben danach“ nicht ausschließt.

Adalbert Ludwig Balling/Reinhard Abeln/Johannes Kuhn

Mit Humor geht vieles leichter

RAT FÜR JEDEN TAG

Man nehme zwölf Monate,
putze sie ganz sauber von Bitterkeit,
Geiz, Pedanterie und Angst
und zerlege jeden Monat in 30 oder 31 Teile,
sodass der Vorrat für ein ganzes Jahr reicht.
Es wird jeder Tag einzeln angerichtet
aus einem Teil Arbeit
und zwei Teilen Frohsinn und Humor.
Man füge drei gehäufte Esslöffel
Optimismus hinzu,
einen Teelöffel Toleranz,
ein Körnchen Ironie
und eine Prise Takt.
Dann wird die Masse sehr reichlich
mit Liebe übergossen.
Das fertige Gericht schmücke man
mit Sträußchen kleiner Aufmerksamkeiten
und serviere es täglich mit Heiterkeit
und einer guten, erquickenden Tasse Tee.

Catherina Elisabeth Goethe

WIRKLICHER HUMOR

Wirklicher Humor ist Freiheit,
Versöhnung, Wahrheit, Güte und Licht.
Jacob Burckhardt

Humor nennt man die famose Turnübung,
die darin besteht,
sich selbst auf den Arm zu nehmen.
Theo Lingen

Humor ist der Knopf, der verhindert,
dass uns der Kragen platzt.
Auf einer Spruchkarte

DIE WEISHEIT DER HUMORVOLLEN

Es gibt viele Arten von Humor – und zwar nicht erst seit Wilhelm Busch, der die Auffassung vertrat, Humor sei, wenn man trotzdem lache. Aber Humor ist nicht gleich Humor. Zu oft versteht man darunter lauten Klamauk, grelles Gelächter, zynisches Geschwätz oder schadenfrohes Verhalten. Ich meine auch nicht die billigen Witze, die man über Schwiegermütter macht – oder über Tollpatsche, die über die eigenen Füße stolpern. Humor ist etwas anderes als Spott und Häme. Humor hat etwas mit Selbstkritik zu tun; mit der Fähigkeit, über die eigenen Fehler zu lachen. Etwa wenn Heinrich von Kleist an seinen Freund Christian Ernst Martini schreibt: „Ich schäme mich nicht zu gestehen, was Sie befürchten: dass ich nicht deutlich weiß, wovon ich rede“ (Brief vom 18. März 1799).

Oder wenn Kurt Tucholsky seinen Landsleuten mit leiser Ironie bestätigt: „Auch wenn ein Deutscher nichts hat: Bedenken hat er!“ Oder wenn der Journalist Lutz Ackermann feststellt, niemand sei so abergläubisch, dass er das 13. Monatsgehalt zurückweise! Solche Beobachtungen und Anmerkungen treffen ins Zentrum, sie reizen zum Schmunzeln. Schmunzeln ist eine typische Reaktion des Humorvollen: liebevoll lächeln, ohne zu richten; sich amüsieren, über sich und andere, ohne zu (ver-)urteilen.

Adalbert Ludwig Balling

HUMOR KANN MAN LERNEN!

„Neben Geist und Witz setzt er vor allem ein großes Maß an Herzensgüte voraus, an Geduld, Nachsicht und Menschenliebe“ (Curt Goetz). Allerdings, so der Schriftsteller William Saroyan, sei es mit dem Humor wie mit Austern: Nur in einer verwundeten Muschel wachse eine Perle heran. Auch der Humor reife aus Verwundungen, die das Leben einbrachte, die aber nicht für immer belasten müssen. Der wirklich Humorvolle komme über die Unbill hinweg und bleibe zuversichtlich und gelassen.

Adalbert Ludwig Balling

DAS LUSTIGE SENIORENPÄRCHEN

In Wien wurde ein älteres Pärchen von zwei Polizisten angehalten. Fahrzeugkontrolle. Die beiden waren kreuzfidel, schäkerten so laut und anhaltend, dass die Männer in Uniform meinten, sie hätten es mit leicht angeheiterten Gästen des letzten Winzerfestes zu tun. Dem war aber nicht so.

Die beiden – seit 45 Jahren verheiratet – hatten Führerscheine und keine Promille im Blut. Sie verstanden sich glänzend. Doch dann staunten die Polizisten: Beide Frontsitze des Autos waren mit Bremsen und Gaspedalen ausgerüstet – wie Wagen der Fahrschulen. Gefragt, warum denn das, antworteten die beiden Alten kichernd: damit jeder Mal bremsen und jeder Mal Gas geben kann!

Die Polizisten lachten noch Stunden später. Es amüsierten sich wohl auch alle, die dieses Episödchen später erfuhren. Zwei Menschen – nicht mehr ganz jung –, die sich offensichtlich bestens verstanden. Die sich mochten. Die Freude am Leben hatten. Die mit ein wenig Humor und auch mit der nötigen Gelassenheit, die älteren Menschen ansteht, es geschafft hatten, Spaß am Leben zu haben, auch im vorgerückten Alter, auch beim Autofahren!

Freude heißt eben auch:
gemeinsam alt werden wollen!
Gemeinsam die Tage zählen.

Gemeinsam sich vertraut machen
mit der Wirklichkeit des Lebens.
Vertraut sein mit dem Alltag.
Das Leben bejahen –
so wie es nun einmal ist –,
mal bremsend,
mal Gas gebend.
Und nie ohne Spaß an der Freud!

Adalbert Ludwig Balling

NIEMAND TAUGT OHNE HUMOR

Fröhlichkeit ist eine Tugend,
wie Freude eine Tugend ist
– und auch Humor.
Sie sind erlernbar.
Man kann sich um sie mühen.
Wenige Menschen
werden als „Frohnaturen“ geboren;
die meisten müssen die Freude
erst lernen – wie man leben lernt
oder denken oder an sich arbeiten
oder glücklich sein
oder beten ...

Humor ist für das menschliche Leben
wie Öl im Getriebe.
Humor und Gelassenheit sind
christliche Tugenden.
Kein Christ taugt ohne Humor;
keiner taugt ohne Gelassenheit;
keiner taugt ohne Freude.

Adalbert Ludwig Balling

SELIG DIE HUMORVOLLEN

Echter Humor ist leise, unaufdringlich und gütig.
Humor hat eigentlich nur, wer die Menschen liebt,
wer zwar ihre Fehler und Kanten kennt,
sie aber dennoch gern hat.
Humor ist eine Tugend;
Humor ist die Tugend der Weisen und Gütigen.

Adalbert Ludwig Balling

ICH WÜNSCHE DIR HUMOR

Vielleicht verstehst du darunter
etwas anderes als ich;
vielleicht meinst du gar,
Humor sei etwas Billiges,
etwas, das „ernsthafte", solide Menschen
lieber denen überlassen,
die sich eben mal austoben wollen.

Diesen „Humor" meine ich nicht;
es wäre dies auch keiner.
Ich wünsche dir Humor –
das heißt gute Stimmung,
gute Laune, gutes Aufgelegtsein.
Ich wünsche dir eine Haltung,
die Humor nicht in erster Linie
als eine Form des Komischen sieht,
als einen Ausdruck des Lustigen
oder als Lachreiz.
Nein, ich wünsche dir Humor,
der viel zu tun hat mit
Sich-selber-nicht-zu-ernst-Nehmen.
Der loslässt, auch von der
vermeintlichen eigenen Wichtigkeit.

Ich wünsche dir Humor,
wie ihn die großen Frauen und Männer
der Weltgeschichte deuteten:
als innere Haltung der Demut;
als Bereitschaft,
auch andere gelten zu lassen;
als Vertrauen in „Mächte“,
die jenseits allen Irdischen angesiedelt sind.

Ich wünsche dir Humor –
wie ihn Thomas Morus praktizierte:
Angesichts des Galgens
blieb er gelassen,
weil er wusste,
dass seine Gottverbundenheit
auch durch Gewalt
nicht genommen werden konnte.
Denn echter Humor
gedeiht im Glauben.

Der Gläubige, der Gottverbundene,
ist des Humors fähig,
weil er den anderen ernst nimmt,
ohne sich selber zu verachten.
Weil er das Gute will,
auch für den andern.
Weil er – humorvollerweise –

Leichtigkeit verbreitet,
ohne zu verletzen.
Weil er Freude schenkt –
mit Esprit und Elan,
aber ohne Hintergedanken,
ohne Stacheln.

Ich wünsche dir Humor
– viel Sinn für Humor! –
und immer wieder Menschen,
die dich auf humorvolle Weise
mit-tragen, er-muntern, er-heitern.
Ich wünsche dir
den Geist des Evangeliums:
Humor als Liebeserklärung
an das Leben!

Adalbert Ludwig Balling

MIT ETWAS HUMOR GEHT'S BESSER

„Mein guter Freund", so schrieb ein Siebzigjähriger an einen alten Bekannten, „oft meine ich, wir älteren Menschen sind viel zu sehr mit uns selbst beschäftigt. Unser Denken kreist zu sehr um das eigene Ich. Es ist ein Vorrecht der jungen Generation, ihrer Schaffensfreude im Leben angemessenen Raum zu gewähren. Sie – die jungen Menschen – brauchen fantasievolle Antriebskräfte für die Entfaltung ihrer Anlagen und Fähigkeiten. Wir Älteren sollten uns allmählich der Werte bewusst werden, die auch zu einem erfüllten Leben gehören. Sie sind im Schaffensdrang früherer Jahre oft nicht hinreichend zum Tragen gekommen. Ich meine Eigenschaften wie die Heiterkeit, die Gelöstheit, den Humor. Sie sind geeignet, uns aus der Gefangenschaft in das eigene Ich zu befreien. Wenn wir diese Werte nicht nur wortreich preisen, sondern sie einüben und aus ihnen heraus zu leben versuchen, dann gewinnt unser Dasein Reichtum – und vermag auch anderen eine gültige Hilfe zu geben." Dieser Brief drückt klar und unmissverständlich aus, dass Heiterkeit auch für das Leben eines älteren Menschen eine große Bereicherung ist. Mit et-

was Humor im Herzen kann jeder die ihm von Gott gestellte Lebensaufgabe leichter und besonnener meistern. Natürlich ist das Leid im Leben schwer zu ertragen und natürlich lässt uns eine Krankheit bittere Stunden durchkosten. Aber ist das alles schon ausreichend, um vor dem einfallenden Sonnenstrahl der Heiterkeit die Läden zu verschließen und in finsterer Resignation den Weltschmerz auszubrüten?
Da gab es einen älteren Mann, der so natürlich und herzlich lachen konnte, dass seine nähere Umgebung sehr viel Freude an ihm hatte. Er war immer zu einem Späßchen aufgelegt. Noch auf dem Sterbebett strahlte er Fröhlichkeit aus. „Ich weiß nicht", sagte er, „anderen Leuten fällt das Sterben so leicht und mich bringt es schier um." Solche Heiterkeit hat ihren Grund darin, dass man sich selbst nicht so wichtig nimmt, dass man den Dingen im Leben den ihnen zustehenden Platz einräumt und darüber hinaus das Leben selbst in einen höheren Sinnzusammenhang eingeordnet weiß. Der alte Mann hatte jenen Abstand zu allen wichtigen Ereignissen des Lebens, in die sich viele so mühsam verkrampfen und deren Verlust in ihnen eine Welt zusammenbrechen lässt.

Natürlich kann man ohne Heiterkeit im Herzen leben, aber man fragt sich zu Recht: Ist denn das ein Leben? „Humor ist der Schwimmgürtel des Lebens", ist beim deutschen Dichter Wilhelm Raabe (1831–1910) zu lesen. Das gilt auch für die Zeit des Altseins. Humor ist das Öl in unserem Leben. Es ist niemandem verwehrt, sich über alles zu ärgern, nur verpflichtet ist man nicht dazu.
In der Heiligen Schrift ist zu lesen: „Überlasse dich nicht der Sorge, schade dir nicht selbst durch dein Grübeln! Frohsinn verlängert die Tage. Überrede dich selbst, beschwichtige dein Herz, halt Verdruss von dir fern! Denn viele tötet die Sorge und Verdruss hat keinen Wert. Neid und Ärger verkürzen das Leben, Kummer macht vorzeitig alt" (Sir 30,21-24).

Reinhard Abeln

SINN FÜR HUMOR

Herr,
schenke mir Gesundheit des Leibes
zusammen mit dem Sinn dafür,
ihn möglichst gut zu erhalten.

Herr,
schenke mir eine Seele,
die im Auge behält,
was gut ist und schön,
damit sie sich nicht einschüchtern lässt
vom Bösen, sondern Wege und Mittel findet,
die Dinge in Ordnung zu bringen.

Herr,
schenke mir eine Seele,
der die Langeweile fremd ist,
die kein Murren kennt
und kein Seufzen und Klagen;
lass nicht zu,
dass ich mir allzu viel Sorgen mache
um dieses sich breitmachende Etwas,
das sich Ich nennt.

Herr,
schenke mir Sinn für Humor.
Gib mir die Gnade,
einen Scherz zu verstehen,
damit ich ein wenig Glück kenne
in meinem Leben
und es mit anderen teile.

Nach Thomas Morus (1478–1535)

HUMOR SIEHT DAS POSITIVE

Der Humor ist keine Gabe des Geistes,
er ist eine Gabe des Herzens.
Ludwig Börne

Dem Humor erscheint nicht alles
hell und himmelblau,
aber er sieht durch Nebel
und Wolken die Sonne.
Nach Nico

Demut und Humor sind einander verwandt.
Beide wissen am Nichtigen
das Positive zu schätzen.
Rochus Spiecker

Geduld bringt Rosen zum Blühen

GEDULD IST ALLES

Geduld ist alles,
sagte der liebe Gott zum Blindgeborenen,
du bist in vielerlei Hinsicht benachteiligt;
aber wenn du Geduld hast mit dir selbst,
bist du den Sehenden um vieles voraus:
Während sie Äußeres wahrnehmen,
oberflächlich betrachten,
gelingt es dir leichter, in die Tiefe zu schauen.
Es gibt vieles im Leben der Menschen,
das nur jene sehen,
die ein gutes Herz haben.
Augen braucht man dazu keine.

Geduld ist alles, sagte der liebe Gott
und blinzelte verständnisvoll
zur Erde hinunter.
Was täte ich ohne Geduld
angesichts der Menschen
und ihrer millionenfachen Wünsche?
Geduld und Humor sind nötig.
Ohne diese beiden
ließe sich die Menschheit nicht regieren!

Als der Teufel das hörte,
rieb er sich die Hände:
Als ob Geduld bei den Menschen etwas zählte,
lachte er hämisch.
Als ob Humor bei ihnen angesehen wäre!?
O doch, beharrte der liebe Gott.
Geduld und Humor sind es,
die die Menschen retten.
Hättest du auch nur ein Quäntchen Geduld und
eine Prise Humor,
du wärst in der Tat
nicht mehr der gruselige,
garstige Geselle, der du bist!

Geduld ist alles, sagte der liebe Gott.
Ohne Geduld
gäbe es keine Minute Frieden auf Erden.
Ohne Geduld könnte kein Kind
erzogen werden;
ohne Geduld wüchse keine Rose.
Geduld ist alles, sagte der Herr;
drum lasset alles wachsen –
auch das Unkraut –
bis zur Ernte ...

Adalbert Ludwig Balling

GEDULD – EIN ZEICHEN MENSCHLICHER REIFE

Kardinal Michael von Faulhaber (1869–1952) kam bei einem Festessen neben einem bedeutenden Mathematiker zu sitzen. Der Naturwissenschaftler fragte ihn: „Eminenz, was würden Sie sagen, wenn wir Mathematiker Ihnen rechnerisch einwandfrei beweisen würden, dass es keinen Gott gibt?“ Darauf antwortete der große Kardinal: „Ich würde in Geduld warten, bis Sie Ihren Rechenfehler gefunden haben!“

Wir alle müssen geduldig warten, nicht nur vor dem Schalter, sondern auch sonst im Leben. Wir warten auf Bus und Straßenbahn, auf den Briefträger und den Arzt, auf die Bedienung und das Essen, auf Sonnenschein und Regen, auf gute Nachricht, auf einen Anruf, einen hilfreichen Rat und schließlich warten wir alle auf das Glück.

Wer nicht warten kann, bringt sich um manchen Erfolg, bereitet sich selbst unnötige Schwierigkeiten, hinterlässt Scherben, verpasst viele Chancen, tut den zweiten Schritt vor dem ersten, muss sich wegen voreiliger und unüberlegter Handlungen x-mal entschuldigen, fällt sich selbst und anderen zur Last.

Wo immer jemand die Geduld verliert und die Ungeduld regiert, da entsteht Unordnung. Da wird die „Vorfahrt“ nicht beachtet, da gibt es Ärger und Verdruss. Da gibt es zuletzt Chaos.
Wir alle leben von der Geduld. Geduld haben, warten können ist ein Zeichen menschlicher Reife. Der Wartende hat sich in der Hand. Er weiß, dass der Anfang einer Sache noch nicht viel über Fortgang und Ende aussagt. Deswegen gibt er auch niemals auf, aller Rück- und Nackenschläge, die das Leben mit sich bringen kann, zum Trotz.

Reinhard Abeln

MARK TWAINS GUTER RAT

Zu dem amerikanischen Humoristen Mark Twain (Samuel Langhorne Clemens, 1835–1910), dem Autor des weltberühmten Jugendromans „Die Abenteuer des Huckleberry Finn“, kam eines Tages ein 17-Jähriger und erklärte ihm: „Ich verstehe mich mit meinem alten Vater überhaupt nicht mehr. Jeden Tag haben wir Streit miteinander. Er ist so rücksichtslos; hat keinen Sinn für moderne Ideen; ist schrecklich altmodisch ... Was soll ich bloß tun? Lange halte ich das nicht mehr aus. Ich laufe eines Tages einfach auf und davon ...!“

Mark Twain hörte sich die Beschwerden des Jugendlichen in Ruhe an. Schließlich sagte er zu ihm: „Mein junger Freund, ich kann dich gut verstehen. Als ich 17 Jahre alt war, also in deinem Alter, war mein Vater genauso ungebildet und rückständig wie deiner. Es war kaum zum Aushalten. Aber, bitte hab noch etwas Geduld! Mit alten Leuten muss man viel Geduld haben. Sie entwickeln sich langsamer. Weißt du, nach ungefähr zehn Jahren, als ich 27 war, da hatte auch mein Vater schon viel dazugelernt, und ehrlich, man konnte sich ganz gut mit ihm unterhalten. Und, soll ich dir noch etwas verraten? Heute, wo ich 37 Jahre alt bin, ob du es glaubst oder nicht, heute finde ich meinen Vater sehr hilfreich. Wenn ich zum Beispiel keinen Rat mehr weiß, dann frage ich meistens ihn, meinen alten Vater. Und der weiß erstaunlich viel und erstaunlich gut Bescheid. Ja, so können sich die alten Leute ändern ...!“

Adalbert Ludwig Balling

EIN BEISPIEL ZUR GEDULD

Jenen, die mit Patience nichts anfangen können, sind alle, die sich mit diesem Spiel abgeben, billige Zeitvertreiber. Sie wissen nicht um die tiefere Bedeutung dieses spielerisch ausgeführten Kartenlegens.
Kein Geringerer als der Schriftsteller Werner Bergengruen hat sich dazu ganz anders geäußert. Er nannte sich selbst einen passionierten Patienceleger und Patience eine Übung der Konzentrationsfähigkeit, eine Art mathematische Meditation. Darüber hinaus, so Bergengruen, werde der Patienceleger innerlich ruhig, geduldig und gelassen. Insbesondere lehre ihn dieses Spiel auf anschauliche Weise, „wie jeder Entschluss, jede Handlung – und scheine sie auch bagatellös – die unabsehbarsten Folgen und Wirkungen hervorrufen muss."
Das Mühen um mehr Geduld, um mehr Los-lassen, mehr inneres Ent-spannen ist ganz gewiss etwas Wertvolles. Hätten wir mehr Geduld, ließe sich mancher Streit vermeiden; verhielten wir uns gelassener, die Welt um uns herum wäre harmonischer, friedlicher, lebenswerter.
Wie heißt doch ein tschechisches Sprichwort: Geduld bringt sogar Rosen zum Blühen!

Adalbert Ludwig Balling

IN GEDULD BIS ZUR ERNTE WARTEN

Geduld ist eine Kraft, die man im Leben sehr oft braucht. Was wäre alles an Unheil nicht geschehen, wenn man ein wenig mehr Geduld aufgebracht hätte! Man muss im Leben nur lange genug warten können, dann erfährt man, wie sich selbst schier unlösbare Probleme noch und manchmal sogar ganz einfach lösen lassen. Im Matthäusevangelium heißt es: „Lasset alles wachsen bis zur Ernte!" (Mt 13,20).

Dieses Wachsenlassen ist wichtig. Darum untersagt der Gutsherr den Knechten, auf dem Weizenfeld das Unkraut zu jäten. Sie sollten beides – Unkraut und Weizen – wachsen lassen. Die Begründung, die er gibt, ist ebenso einfach wie einleuchtend: Beim Jäten des Unkrauts können Weizenpflanzen geschädigt oder zerstört werden.

Wer einen Garten hat und darin Unkraut jäten will, kann ähnliche Erfahrungen machen. Es kann passieren, dass beim Herausziehen des Unkrauts die Nutzpflanze, die man befreien möchte, mit herauskommt. Die Wurzeln von Unkraut und Pflanze können so eng miteinander verschlungen sein, dass man das eine vom anderen nicht trennen darf.

Was für Feld und Garten gilt, gilt auch für den Menschen. In jedem Menschen vermischen sich Unkraut und Weizen, Gutes und Böses. Beides gehört zum Menschen, entstammt dem gleichen Mutterboden. Gott hat den langen Atem, beides bis zur Ernte wachsen zu lassen. Er vertraut dem Guten im Menschen, sich zu behaupten und schließlich zu siegen.

Gott ist das große Urbild der Geduld, sozusagen die Geduld in Person. Wenn er mit uns Menschen keine Geduld hätte, wenn er, wie wir manchmal meinen, gleich „dreinschlagen" oder bei jeder bösen Tat einschreiten würde – was wäre dann? Seine Geduld ist unser Trost. Es ist hoffnungsvoll zu wissen, dass Gott alles versucht, den Weizen im Menschen zur Reife zu führen.

So wie Gott in seiner Geduld uns wachsen lässt, mit unserem Unkraut und mit unserem Weizen, sollen auch wir mit anderen – aber auch mit uns selbst – umgehen. Ohne Geduld, ohne gelassenes Wartenkönnen ist Wachstum nicht möglich. Franz von Sales (1567–1622) schrieb in einem Brief an seine Mitbrüder: „Haben Sie mit allen Menschen Geduld, aber besonders mit sich selbst!" Der Gutsherr wusste: Es kommt die Zeit der Ernte. Und um dieser Ernte willen ist hier und heute Geduld notwendig. Gemeint ist nicht eine Geduld, der alles gleichgültig ist, sondern eine Geduld, die um der Ernte willen an den guten Pflanzen hängt und sie nicht gefährden will. „Wer Ohren hat, der höre!“ (Mt 13,43).

Reinhard Abeln

„DIE BLUME DER GEDULD“

Das Greisenalter sei eine Stufe unseres Lebens und habe wie alle anderen Lebensstufen ein eigenes Gesicht, eine eigene Atmosphäre, eine eigene Temperatur, eigene Freuden und Nöte, schreibt Hermann Hesse: „Wir Alten mit den weißen Haaren haben gleich allen unsern jüngeren Menschenbrüdern unsere Aufgabe, die unserm Dasein den Sinn gibt, und auch ein Todkranker und Sterbender, den in seinem Bett kaum noch ein Anruf auf dieser diesseitigen Welt zu erreichen vermag, hat seine Aufgabe, hat Wichtiges und Notwendiges zu erfüllen. Altsein ist eine ebenso schöne und heilige Aufgabe wie Jungsein. Sterben lernen und Sterben ist eine ebenso wertvolle Funktion wie jede andre –

vorausgesetzt, dass sie mit Ehrfurcht vor dem Sinn und der Heiligkeit allen Lebens vollzogen wird."
Hesse fährt dann fort: „Um als Alter seinen Sinn zu erfüllen und seiner Aufgabe gerecht zu werden, muss man mit dem Alter und allem, was es mit sich bringt, einverstanden sein, man muss Ja dazu sagen." Wichtig sei ferner, dass man im Alter das Schauen, das Betrachten lerne: „Die Kontemplation wird immer mehr zu einer Gewohnheit und Übung und unmerklich durchdringt die Stimmung und Haltung des Betrachtenden unser ganzes Verhalten."
Es blühe – im Alter – „die Blume der Geduld"; der Mensch werde gelassener, nachsichtiger, weitherziger. Er tue sich leichter, dem Leben der Natur und dem Leben der Mitmenschen zuzuschauen und zuzuhören und es ohne Kritik, aber mit neuem Erstaunen an sich vorüberziehen zu lassen, manchmal teilnahmsvoll, manchmal still bedauernd, mitunter aber auch „mit Lachen, mit heller Freude, mit Humor".

(Hermann Hesse, Beschwörungen, Suhrkamp, Frankfurt 1955)

Adalbert Ludwig Balling

ALLES HAT SEINE ZEIT

Der griechische Schriftsteller Nikos Kazantzakis (1887–1957) war ein Meister der Naturbeobachtung. Seine Romane, Epen und Dramen strotzen von Erdverbundenheit und Naturnähe. In seinem Buch „Alexis Sorbas“ schildert er gerade den Augenblick, wie eines Morgens in der Rinde eines alten Baumes ein Schmetterling den Kokon verlässt: Er bohrt ein winziges Loch ins Gehäuse – und lässt sich dann viel, viel Zeit.

Der Beobachter wartet ungeduldig eine Weile, will aber dann den „Schlüpfprozess“ abkürzen: Er haucht den Kokon mit seinem eigenen Atem an; er erwärmt den schlüpfenden Schmetterling, damit er rascher herauskomme. Und dann passiert das „Wunder“ vor seinen Augen: Das Gehäuse öffnet sich und der bunte Falter krabbelt langsam heraus. Als er seine hauchdünnen Flügel ausbreiten will, fallen sie jedoch in Sekundenschnelle wieder in sich zusammen. Sie kleben fest. Abermals müht sich der Beobachter, mit seinem warmen Atem den Falter zu beleben. Vergeblich: „Er hätte ganz langsam ausschlüpfen und seine Flügel hätten sich erst nach und nach in der Sonne entfalten müssen, nun war es zu spät“, schreibt Kazantzakis.

Der menschliche Atem hatte den Schmetterling herausgetrieben – und alles fiel in sich zusammen, vor seiner Zeit.
Adalbert Ludwig Balling

ÜBER DIE GEDULD

Mit Geduld und Zeit kommt man nämlich weit.
Abraham a Sancta Clara

Von Gott fordern wir Geduld mit uns.
Wir selbst aber sind unduldsam
unseren Mitmenschen gegenüber.
Pater Johannes Leppich SJ

So geht es auf der Welt: Wenn man nur still und geduldig wartet wie die Katze vor dem Mauseloch, so kommen alle guten Dinge wieder einmal zum Vorschein.
Gottfried Keller

Bei allem viel Geduld,
aber ebenso viel Glaube und Genauigkeit.
Papst Johannes XXIII.

Freude hat viele Namen

ZUR FREUDE GEBOREN

In jedem Menschen steckt eine tiefe Sehnsucht nach Freude. Es gibt wohl keinen, der jemals gewünscht oder gesagt hätte: „Ich möchte ohne Freude durchs Leben gehen!“

„Der Mensch ist geboren für die Freude“, sagt der französische Philosoph und Naturwissenschaftler Blaise Pascal, „er empfindet es und braucht dafür keinen Beweis.“ Freude ist wie ein schöner, bunter Schmetterling, dem wir – wie die Kinder – am liebsten nachjagen und den wir für immer einfangen möchten. Wir brauchen Freude wie das tägliche Brot. Wenn wir auf sie verzichten müssen, verhungern wir. Ohne Freude ist das Leben nicht zum Aushalten, gleichen wir einem zugemauerten Brunnenschacht; alles in uns und um uns wird dunkel und unerträglich. Freude ist die beste Medizin für den Menschen. Sie hält Leib und Seele zusammen und lässt uns das Leben leichter und besser meistern. Freudlosigkeit, also das bedrückte Gemüt, macht den Menschen krank und sein Leben trist und öde. Dies ist auch die Weisheit des Alten Testaments, wenn es im Buch Jesus Sirach heißt: „Überlasse dich nicht der Sorge, schade dir nicht selbst durch dein Grübeln! Herzensfreude ist Leben für den Menschen, Frohsinn verlängert ihm die Tage. Überrede dich selbst und beschwichtige dein Herz, halte Verdruss von dir fern! Denn viele tötet die Sorge und Verdruss hat keinen Wert. Neid und Ärger verkürzen das Leben, Kummer macht vorzeitig alt“ (Sir 30,21–24).

Öffnen wir darum unser Herz für die Freude! Sie gereicht uns und – was ebenso wichtig ist – auch anderen zum Segen!

Reinhard Abeln

FREUDE IST ÜBERALL

Nicht der Zwang, sondern die Freude
ist der endgültige Appell
an den Menschen.
Und die Freude ist überall:
Sie ist im grünen Gras der Erde
und im heiteren Blau des Himmels,
in der sorglosen Üppigkeit des Frühlings
und in der strengen Enthaltsamkeit
des grauen Winters,
in den pulsierenden Adern
unseres Körpers,
in der aufrechten Haltung
der menschlichen Gestalt,
in allen Funktionen des Lebens.

Rabindranath Tagore

WENN DIE FREUDE FLÜGEL HAT

Wenn die Freude Flügel hat,
ist sie der Motor unseres Lebens.
Wenn die Freude Flügel hat,
ist der Ballast des Alltags keine Bürde mehr.
Wenn die Freude Flügel hat,
fallen die Schlacken von alleine ab.
Wenn die Freude Flügel hat,
hören wir die Blumen sprechen
und die Sterne flüstern.
Wenn die Freude Flügel hat,
sind wir mit uns zufrieden und mit denen,
die uns nahestehen.
Wenn die Freude Flügel hat,
wächst Glück in deiner Seele.

Adalbert Ludwig Balling

DIE ANTWORT DES GREISEN INDIO

Wende dein Gesicht der Sonne zu, dann fallen die Schatten hinter dich!“ Dieses Sprichwort aus Thailand beinhaltet eine tiefe Lebenserfahrung. Es kommt in unserem Leben viel darauf an, was wir aus dem machen, was auf uns zukommt, was uns von Gott zugemutet wird. Es kommt darauf an, dass wir die uns von Gott gestellte Aufgabe positiv für unser Leben ummünzen.

Als Jesus von Nazaret die Jünger aussandte – zwei und zwei –, sagte er, sie würden wie Schafe unter Wölfe geraten. Er wusste, dass sie, obgleich Boten der Freude und des Friedens, keinen rosigen Zeiten entgegengingen. Und doch beauftragte er sie mit der Frohen Botschaft der Freude und des Friedens – seit alters Losungsworte echt christlicher Verkündigung.

Die Worte Frieden und Freude hängen innerlich, von ihrer Wortwurzel her, zusammen. Man kann keinen Frieden künden, wenn man traurig ist. Man kann keine Freude künden, wenn man nicht bereit ist, Frieden zu halten.

Das erinnert mich an eine Geschichte aus Südamerika. Ein Wissenschaftler traf einen Indio, einen sehr alten Mann, der aber noch jugendlich wirkte und sich heiter und gelassen gab. Der Forscher fragte ihn: „Wie kommt es, dass du immer so gut gelaunt bist? Dass du nicht traurig bist wie so viele Männer deines Alters? Was erhält dir Körper und Seele so gesund?“ Der greise Mann antwortete: „Das, was ich denke, ist es, was mich fröhlich stimmt, was mir Kraft gibt. Schau, ich bedenke, dass es Hungernde gibt, und ich habe noch nie ernsthaft hungern müssen! Ich bedenke, dass es Kranke gibt, und ich war nie ernsthaft krank! Ich bedenke, dass es Unterdrückte gibt, und ich war doch immer ein freier Mann gewesen. – Das ist es, was mich so fröhlich macht!“ Darauf der Forscher: „Das mag alles stimmen, was du sagst, aber hast du nicht auch bedacht, dass es Menschen gibt, die mächtiger sind als du und reicher und glücklicher und klüger?!“ Der Indio: „Schau, fremder Mann, wenn ich an diese Menschen denke, die mächtiger sind als ich und glücklicher und klüger – dann sehe ich ja noch etwas vor mir, was ich werden kann! Das ist doch erst recht Grund, dankbar und fröhlich zu sein; meinst du nicht auch?“ Der Forscher nickte. Beim Abschied sagte er zum Indio: „Alter Mann, ich danke dir! In dir stecken Weisheit und Güte. Du hast mich Wesentliches gelehrt!“

So weit der Forscher und der greise Indio. Ich meine, es ist wichtig, dass wir diese Botschaft der Freude und des Friedens in unserem eigenen Leben wahrmachen. Dass wir begreifen, dass es an jedem von uns liegt, ob Freude und Friede einkehren in diese Welt – oder ob weiterhin Kriege und Hass die Oberhand behalten. „Nicht das Christentum hat versagt“, schrieb einmal der englische Autor Chesterton, „wir Menschen haben es noch nie mit ihm ernsthaft versucht!“ Auf den Versuch kommt es an. Auch darauf, dass wir unser Gesicht der Sonne zuwenden – wie der alte Indio oder wie die Menschen in Thailand sagen; dann fallen die Schatten hinter uns. Dann sehen wir auch die Spuren Gottes in dieser Welt. Dann hören wir seine Botschaft, die Botschaft der Freude und des Friedens.

Adalbert Ludwig Balling

SPASS MUSS SEIN

Die Kapuziner sind für humorvolle und originelle Späße bekannt. In ihrer Hauszeitschrift las ich einmal, ihre Exerzitienmeister handelten seit einiger Zeit untereinander „heiße Tipps“ für Besinnungstage, sozusagen „Grundraster“ zum Thema Selbstfindung. Darin heiße es u. a.:
Den ersten Tag stelle man unter den preußischen Aspekt: „Mann, jeh in dir!“ (War ick schon; is och nischt los!)
Den zweiten Tag betrachte man mit schwäbischer Gemütlichkeit: „Du, gang emol in de!“ (Noi, ’s isch m’r z’weit!)
Und den dritten Tag begleite man mit bayerischem Humor; der Teilnehmer trete vor den Spiegel, nehme die Karl-Valentin-Pose ein und murmele: „Hait b’suach i mi. Hoffentlich bin i dahoam!“

Nur wer bei sich daheim ist,
nur wer sich annimmt,
nur wer sich selbst mag,
wird es schaffen,
auch die anderen zu mögen
und zu lieben.

Sich annehmen geht nicht ganz ohne Humor:
Man muss sich annehmen samt Ecken und Kanten
und auch über seine Fehler und Schwächen gelegentlich
schmunzeln.
Ich bin sicher, Gott geht oft schmunzelnd über unsere
„Ungereimtheiten“ hinweg,
schmunzelnd und verzeihend.

Adalbert Ludwig Balling

Heitere Gelassenheit ist ein Geschenk

ICH WÜNSCHE DIR GELASSENHEIT & HARMONIE

Gelassenheit hat etwas zu tun mit Loslassenkönnen, mit Wartenkönnen, mit Abwartenkönnen, mit die „Ruhe-bewahren-können".

Gelassene Menschen überstürzen nichts,
drängeln nicht, treiben nicht an.
Gelassene Menschen wissen:
Kommt Zeit, kommt Rat!

Davon wünsche ich dir viel –
von solcher Gelassenheit.
Sie trägt dich, auch wenn
die „Stürme des Lebens" toben;
auch wenn Unheil über dich hereinbricht;
auch wenn andere dich verleumden,
verklagen, verspotten, verunglimpfen.
Der Gelassene weiß:
Gott schreibt gerade
auch auf krummen Zeilen!

Zur Gelassenheit wünsche ich dir
die „innere Harmonie",

das In-sich-Ruhen der Seele.
Harmonische Menschen sehen die Welt
als Ganze; sie kennen das Übel,
wissen aber auch um das Gute.

Sie lassen sich nicht so schnell
„aus der Bahn werfen“;
sie bleiben stabil,
halten das Gleichgewicht;
mühen sich – auch im Umgang mit anderen –
um Ausgleich und Maß.
Daher mein ganz persönlicher Wunsch
für dich: Bleib gelassen,
bleib in der Harmonie –
mit Gott wie mit den Menschen!
Werde, wie Gott dich gewollt hat!

Adalbert Ludwig Balling

SCHON ALS KINDER TRÄUMTEN WIR VON OSKAR

Schäfer sind für mich, seit meiner Kindheit, immer schon eine besondere Sorte Leute: Männer in eigenartigen Kutten und langen Mänteln, mit breiten Schlapphüten und groben Stiefeln. Schäfer – ich habe mir sie nie anders vorgestellt – sind lebenserfahrene, weise, meist auch schweigsame Menschen. Zu Schäfern hatte ich schon als Kind Vertrauen. Die gelassene, Ruhe ausstrahlende Art, mit der sie ihrem Tageswerk nachgingen, machte auf mich immer schon großen Eindruck.

Solange ich weiß, so weit meine Erinnerung zurückreicht, zog alljährlich im Sommer, wenn die Getreideernte eingebracht war, ein Schäfer in die Fluren unseres Dorfes ein. Seine fahrbare Schlafhütte wurde, von einem der Bauernknechte hinter einen Wagen angehängt, eingefahren. Auch das war etwas Außergewöhnliches: ein Mann, ein Erwachsener, der auch nachts auf dem Felde schlief. Wenngleich in seiner Schäferhütte, so doch unmittelbar bei den Tieren! Gewiss hat zu meinem kindlichen Schäferbild auch die Bibel beigetragen.

Ich denke an die wunderschönen Gleichnisse vom Guten Hirten und den verlorenen Schafen.
Aber anschaulicher, prägender war für uns Oskar, der Schäfer vor Ort. Ob er eine Familie hatte, weiß ich nicht. Erst in späteren Jahren, als Oskar schon lange nicht mehr in unsere Gegend kam, hörte ich, er habe am Rande des Nördlinger Ries sein Winterquartier gehabt, sei möglicherweise auch dort „zu Hause" gewesen. Aber so recht vorstellen konnte ich es mir dann doch nicht, denn Oskar gehörte zu seinen Schafen, zum Pferch, zu seiner rollenden Hütte! Anders war er eigentlich nicht zu denken.
Der jeweilige Bauer, auf dessen Feldern und Wiesen Oskar seinen Schafpferch aufstellte, übernahm die Verköstigung des Hirten. So sah man ihn abends, wenn die Schafe ruhten und nur von den Hunden beaufsichtigt wurden, ins Dorf kommen. Hier, bei „seinem Bauern", aß er das Abendbrot und nahm sich die „Brotzeit" für den nächsten Tag mit. Seine lange Schippe stellte er dann vors Haus; manchmal hielt dort auch einer seiner Hunde Wache. Später – nach dem Essen – stapfte Oskar wieder zum Pferch zurück – und zu seiner Hütte. Die hatte immer auch etwas Geheimnisvolles an sich, wie übrigens Oskar selber auch. Er kannte viele Heilkräuter; er wusste den Zug der Vögel zu deuten; er war wetterkundig und verstand sich auf das „Behandeln" von kranken Tieren.

Vor allem aber war er ein kleiner Philosoph. Die alten Bauern unterhielten sich gern mit ihm. Seine bedächtige Art, seine gleichmäßige Gelassenheit, sein Humor – all das machte ihn so sympathisch in den Augen der Dörfler. Auch sah man ihn nie launisch. Die Natur, so schien es, wirkte harmonisch auch auf seine Seele. Die Natur war seine Lehrmeisterin; die Schafe waren sein Reichtum, die Hunde seine besten Begleiter und Kameraden. Daher wohl auch seine eher sanfte Art, mit den Menschen umzugehen. Ich kann mich nicht erinnern, ihn je in der Kirche gesehen zu haben. Ich weiß auch nicht, welcher christlichen Religion er angehörte, wenn überhaupt einer.

Aber ich habe ihn mir immer als „guten Hirten" vorgestellt. Er passte so recht in das Bild von den „Hirten von Betlehem", die immer, auch nachts, bei ihren Schafen waren und die allenfalls ein lichter Engel aus himmlischen Höhen dazu überreden konnte, den Pferch und ihre Tiere für ein paar Stunden zu verlassen. Was wurde aus Oskar? Wo verbrachte er seinen Lebensabend? Lebt er noch? Ich weiß es nicht. Noch sehe ich ihn samt Hund und Herde durchs Dorf ziehen. Noch wirkt diese Schäferidylle nach. Nur – war nicht auch Oskar einer von denen, denen man im Leben begegnet, die man zu kennen meint, die man gern zu Freunden hätte – und die dann doch wieder aus dem Blickfeld verschwinden? Ist nicht unser aller Leben ein Leben auf Raten? Ist nicht die Vergangenheit „ein Speicher, in den jeder seine Lebensernte einbringt"? Ein Speicher, der noch lange vorhält, auch dann noch, wenn jene, die einmal unter uns waren, längst von uns gingen?

Adalbert Ludwig Balling

LASS JEDEN TAG AUF DICH ZUKOMMEN

Jesus hat ausdrücklich davor gewarnt, das Leben an einem Stück zu betrachten, den Alltag auf einmal meistern zu wollen. In der Bergpredigt hat er verkündet: „Jeder Tag hat genug an seiner Plage, aber auch genug an seiner Gnade!"

Im Leben ist es wie beim Bergsteigen. Man sieht immer nur bis zur nächsten Kurve. Gott gibt uns seine Gnade nicht jahrzehntelang als Vorschuss. Die Kraft für den morgigen Tag bekommen wir morgen früh. Die Kraft für die kommende Nacht heute Abend. Lassen wir darum jeden Tag auf uns zukommen! Wir dürfen davon überzeugt sein, dass sich auch in unserem Leben alles zum Besten wendet. Wie? Das weiß Gott allein, weil ER allein den Überblick hat.

Ernst Ginsberg (1904–1964) hat uns ein wunderschönes Gebet geschenkt, das wir täglich beten dürfen: „Ich bitte dich, Herr, um die große Kraft, diesen kleinen Tag zu bestehen, um auf dem großen Weg zu dir einen kleinen Schritt weiterzugehen!"

Reinhard Abeln

ZEHN TIPPS ZUR GELASSENHEIT

Papst Johannes dem Guten (in der Kirchengeschichte nennt man ihn den XXIII.) wird der folgende „Dekalog der Gelassenheit“ zugeschrieben. Es war mir nicht möglich nachzuweisen, dass er wirklich der Verfasser war. Seinem Geist entsprechen aber diese „Lebensregeln“ noch allemal:

1. Nur für heute will ich mich mühen; den heutigen Tag will ich leben, ohne gleichzeitig an alle Probleme meines Lebens zu denken.
2. Nur für heute will ich mich um mein Auftreten sorgen; ich will niemand kritisieren, will niemand korrigieren oder verbessern, nur mich selbst ...
3. Nur für heute will ich gewiss sein, dass ich für das Glück geschaffen wurde, und zwar nicht erst für die andere Welt, sondern auch für diese.
4. Nur für heute will ich mich den Umständen anpassen, ohne zu verlangen, dass die Umstände sich meinen Wünschen unterordnen.
5. Nur für heute will ich mir vornehmen, zehn Minuten lang etwas Gutes zu lesen, wissend, dass gute Lektüre notwendige Nahrung für meine Seele ist.

6. Nur für heute will ich eine gute Tat vollbringen und ich werde es keinem Menschen erzählen. Es ist mein Geheimnis.
7. Nur für heute will ich etwas tun, wozu ich keine Lust habe; sollte ich mich irgendwie beleidigt fühlen, so werde ich es mir nicht anmerken lassen.
8. Nur für heute will ich ein Programm aufstellen und ich will mich vor zwei Übeln hüten: der Hetze und der Unentschlossenheit.
9. Nur für heute will ich fest daran glauben, auch wenn äußere Umstände Widersprüchliches nahelegen, dass die Güte Gottes sich um mich kümmert, so als gäbe es sonst niemanden mehr auf dieser Erde.
10. Nur für heute will ich keine Angst haben: Im Gegenteil, ich will mich an allem freuen, was schön ist, und ich will an die Güte der Menschen glauben. Für diesen Tag will ich Gutes tun und ich will nicht daran denken, dass ich ein ganzes Leben lang mich darum mühen musste ...

Weise Worte eines gütigen Menschen;
gute Worte eines weisen Menschen!

Adalbert Ludwig Balling

WERDE GELASSEN WIE EIN KIND!

Viele von uns hätten so dringend nötig, kindlich zu werden. Das Kind, das wir doch vor Gott sind, führt oft ein verkümmertes, freudloses Dasein. Ständig müssen wir Leistungen erbringen, unaufhörlich und regelmäßig Anforderungen gerecht werden und uns mit einem Haufen von Problemen herumschlagen. Viele sind ständig überfordert. Und das Schlimmste: Viele überfordern sich selber. Kein Tarifvertrag und keine Leistungserwartung sind so unmenschlich wie das, was wir uns selbst abverlangen. Ganz und gar unkindlich ist das!

Wie gut täte uns die Gelassenheit eines Kindes, seine spielerische Freiheit, seine Lebensfreude, sein Lächeln, sein grenzenloses Vertrauen! Was wir brauchen, war auf einem Kalenderblatt einmal so beschrieben: „Einfach Mensch sein, einfach leben. In die Luft gucken, die Sonne sehen, Blumen erblicken – und in der Nacht die Sterne, Kindern zuschauen, lachen, spielen, tun, was Freude macht, träumen, die Fantasie spielen lassen, zufrieden sein!"

Reinhard Abeln

DER MORGIGE TAG

In China trafen sich einmal drei alte Männer, ehemalige Mitschüler. Aus dem einen war ein Statthalter des Kaisers geworden, aus dem anderen ein Gelehrter, aus dem dritten ein Gärtner.

Als sie nun so beisammensaßen und sich über ihr Leben unterhielten, kamen sie auch auf die Wünsche zu sprechen, die sie noch an das Leben hatten, und sie stellten fest, dass sie immer nur Wünsche für den folgenden Tag hatten, da sie ja schon alt waren und jeder Tag ihnen wie ein Geschenk vorkam.

„Ich wünsche mir für den morgigen Tag“, sagte der Statthalter, „eine Porzellanschale voll köstlichen Tees und ein stolzes Pferd zum Ausreiten. Mehr Wünsche habe ich nicht.“ „Ich“, sagte der Gelehrte, „wünsche mir für den morgigen Tag eine Schale süßer Trinkschokolade und gute Augen, um ein schönes Buch zu lesen.“ „Und ich“, sagte der Gärtner, „ich wünsche mir für den morgigen Tag, dass die Sonne aufgeht, wie sie es immer getan hat, dass der Quell nicht versiegt, von dem ich morgens trinke, und dass die Vögel in den Bäumen singen, von deren Früchten ich mich ernähre.“

In der Nacht, die diesem Gespräch folgte, gab es ein großes Erdbeben. Als der Statthalter tags darauf seinen Tee trinken wollte, konnte er's nicht, denn die porzellanene Schale dafür war zerbrochen; und als er mit dem Pferd ausreiten wollte, konnte er's gleichfalls nicht, denn einstürzende Mauern hatten sein Pferd erschlagen. Dem Gelehrten erging es ähnlich. Als er seine Schokolade trinken wollte, fehlte dafür die Schale, und als er in seinem schönen Buch lesen wollte, konnte er's nicht, denn seine Bibliothek war eingestürzt und alle seine Bücher waren verbrannt.

Dem Gärtner aber ging es anders als dem Statthalter und dem Gelehrten. Als er erwachte, ging die Sonne auf, wie er es sich gewünscht hatte. Als er zum Quell ging, um daraus zu trinken, sprudelte der immer noch. Und als er in den Garten ging, der von dem Erdbeben verwüstet war, standen dort immer noch einige Bäume, die Früchte trugen, und in den Bäumen sangen Vögel.

Seitdem sagt ein Sprichwort in China: „Wer sich für den folgenden Tag am wenigsten wünscht, der ist am glücklichsten dran."

Aus China

SELIGPREISUNGEN

Selig, die über sich
selbst lachen;
sie werden genug
Unterhaltung finden.

Selig, die einen Berg von
einem Maulwurfshügel
unterscheiden;
sie werden sich Ärger ersparen.

Selig, die schweigen
und zuhören;
sie werden viel Neues
erfahren.

Selig, die kleine Dinge
ernst und ernste Dinge
gelassen nehmen;
sie werden weit kommen.

Selig, die Gott
erkennen und lieben;
sie werden Güte und
Freude ausstrahlen.

Die kleinen Schwestern des Charles de Foucauld, Paris

GELASSENHEIT – MUT – WEISHEIT

Eigentlich kommen sie nur im Märchen vor. Und doch sind sie Thema unseres alltäglichen Lebens: unsere Wünsche und ihre Erfüllung. Im Märchen steht plötzlich eine Fee oder irgendein Wurzelzwerg aus irgendwelchen Gründen da und gibt drei Wünsche frei. Seltsamerweise erzählen viele Märchen, dass der Mensch mit dieser Freiheit gar nicht so viel anzufangen weiß. Und was dabei herauskommt, ist ziemlich kläglich. Würde es uns anders ergehen? Angenommen ... Aber wir wollen hier keine Luftschlösser bauen.

Immerhin: Wünsche haben wir alle. Der eine hätte gern das Glück als ständigen Gast im Haus, wobei keiner so recht weiß, was eigentlich das Glück ist. Der andere wünscht sich vielleicht, dass er beruflich einen riesigen Sprung macht, möglichst ohne viel an Schweiß, Zeit und Mühe zu investieren. Manchmal mögen sogar unsere Gebete solchen Wunschzettellisten gleichen. Es geht da oft ziemlich verworren durcheinander. Vielleicht weil auch wir nicht so recht wissen, was uns wirklich nötig ist. Ob wir uns einigen könnten auf drei Voraussetzungen, die wir alle zum Leben nötig haben, so verschieden wir auch sonst sein mögen? Sie sind in einem alten Gebet genannt. Es heißt dort: „Gott, gib mir die Gelassenheit, Dinge hinzunehmen, die ich nicht ändern kann. Gib mir den Mut, Dinge zu ändern, die ich ändern kann, und gib mir die Weisheit, das eine vom anderen zu unterscheiden."

Es geht also um Gelassenheit, Mut und Weisheit. Ob das auf unserer Wunschliste steht? Aber wenn man genau darüber nachdenkt, muss man zugeben: Stimmt! Gelassenheit brauchen wir. Gelassenheit ist nicht Gleichgültigkeit. Es ist die Kunst, Dinge hinzunehmen, die ich nicht ändern kann. Zum Beispiel mich selbst anzunehmen, so wie ich bin, und dann festzuhalten: Es ist ein Dasein, das so viel mitbekommen hat, dass ich ein Leben lang dazu brauchen werde, um es auszuschöpfen. Es gehört auch zur Gelassenheit, Menschen hinzunehmen, die ich nicht ändern kann. Vielleicht macht das sogar ganz neue Beziehungen möglich, eben weil ich nicht dauernd um mich herum andere erziehen will. Gelassenheit – sie wächst aus einem Urvertrauen, das weiß: Gott legt uns eine Last auf, aber er hilft uns auch.

Dann die zweite Bitte: Gib mir den Mut, Dinge zu ändern, die ich ändern kann. Es gibt Dinge, Situationen, Menschen, bei denen sich etwas ändert, wenn man ihnen gegenüber etwas riskiert. Aber es gehört Mut dazu. Man muss sich entschließen können, etwas zu sagen, eine Sache anzupacken, etwa einen Brief in einer politischen Angelegenheit an einen Bundestagsabgeordneten zu schreiben. Aber wann ist es an der Zeit, gelassen zu reagieren, und wann, den Schritt aus Reih und Glied zu wagen? Darum die dritte Bitte: Gib mir, Gott, die Weisheit, das eine vom anderen zu unterscheiden. Weisheit – dazu gehört das Abwägen zwischen Wesentlichem und Unwesentlichem. Einsicht in die Zusammenhänge, damit man alles zu seiner Zeit tut. So gebe uns Gott die Gelassenheit, Dinge hinzunehmen, die wir nicht ändern können, und den Mut, Dinge zu ändern, die wir ändern können, und die Weisheit, das eine vom anderen zu unterscheiden.

Johannes Kuhn

Froh „sein“
heißt
froh „machen“

„EIN LIEBENDES HERZ IST EIN FROHES HERZ“

Wer kommt in das Himmelreich?“, heißt eine rabbinische Geschichte: „Ein jüdischer Rabbi ging oft auf den Marktplatz. Er liebte es, unter den vielen Leuten umherzugehen, den Händlern zuzusehen ... Eines Tages erschien ihm in dem großen Menschengewühl der Prophet Elija. Der Rabbi dachte: ‚So eine Gelegenheit!‘ Und er fragte den Propheten: ‚Sag mal, gibt es unter all diesen vielen Menschen einen Einzigen, der in den Himmel kommen wird?‘ Er dachte wohl im Stillen: ‚Ich selbst werd‘ ja wohl dabei sein!‘ Aber der Prophet Elija antwortete: ‚Nein, es gibt keinen Einzigen.‘ Nach einiger Zeit kamen zwei Männer auf den Marktplatz: Da zupfte der Prophet Elija den Rabbi am Ärmel und sagte: ‚Diese beiden werden in das Himmelreich kommen.‘ Der Rabbi lief sofort zu den beiden hin und fragte sie: ‚Was seid ihr denn für Leute?‘ Die beiden gaben ihm zur Antwort: ‚Wir sind Clowns. Wenn wir jemanden sehen, der traurig ist, dann heitern wir ihn auf. Wenn wir zwei Menschen sehen, die sich streiten, dann versuchen wir, sie wieder zu versöhnen.‘“

Es scheint heutzutage oft genug an der wahren Freude zu fehlen. Obwohl allerorten und auf vielfache Weise so viel Genuss und gar Luxus angeboten wird, ist trotzdem so wenig von Freude zu spüren. In einem Interview sagte ein bekannter Wissenschaftler: „Es gibt heute zu viel Freuden und zu wenig Freude!" Diese Aussage besteht zu Recht. Freude erschöpft sich nicht in äußeren Dingen, wie viele meinen. Freude heißt nicht bloß: ein schönes Haus, sichere Existenz, Freizeit, Muße, Urlaub, nette Gäste, Fortschritt, Erfolg, Anerkennung und Ansehen. Freude ist ein Stück Herz, das man liebend verschenkt. „Ein liebendes Herz ist ein frohes Herz", sagte Mutter Teresa, die große Ordensfrau aus Kalkutta.

Jeder von uns ist aufgerufen, dem anderen ein wenig Freude, ein Stück Herz zu schenken. Auf diesem Gebiet kann jeder ein Erfindergeist sein. Freude bereiten ist gerade für die heutige hektische Zeit so wichtig, in der viele unter einem erschreckenden Mangel an Ansprache und Aussprache leiden. Freude – die Wurzel des Guten – darf nicht einsam sein. Man muss sie teilen, weitergeben! Freude muss weiterwirken in unseren Mitmenschen, muss ansteckend sein. Der Freude muss man Tür und Tor öffnen, denn sie ist „eine Bombe von ungeheurer Sprengkraft" (Heinrich Böll). Ein spani-

sches Sprichwort heißt: „Ein frohes Gemüt kann Schnee in Feuer verwandeln." Innerhalb von 24 Stunden hätte die Welt ein anderes Gesicht, wenn jeder von seiner Freude an andere weitergäbe!
Bischof Paul Wilhelm von Keppler, der große deutsche Theologe, hat in diesem Zusammenhang einmal geschrieben: „Jeder kann Freude schenken, sobald er einmal herzhaft den Schritt gewagt hat heraus aus dem Bannkreis des Egoismus; sobald er sich gewöhnt hat, nicht nur an sich, sondern auch an andere zu denken. Er braucht dazu gar nicht reich und auch nicht gelehrt zu sein; er muss nur eines sein: wahrhaft und von Herzen gütig." Wer möchte nicht solch ein Mensch der Freude sein und es immer mehr werden? Wie wär's, wenn wir uns vornähmen, jeden Tag einem Menschen eine Freude zu bereiten? Ein lobendes Wort, ein freundliches Lächeln, eine gute Tat – diese kleinen Schritte können durch fast nichts in der Welt ersetzt werden.

Reinhard Abeln

DIE SONNENBLUME

Eine ältere Dame, etwas kränkelnd, aber nicht bettlägerig, wohnte in einem engen Zimmer – genau eine Etage unter ihrer Vermieterin, die mit fast allen Hausbewohnern im Streit lag. Da überlegte die alte Dame, wie sie wohl der Vermieterin ein wenig näherkommen könnte. Wenn sie an ihrer Türe läutete, wurde ihr nicht aufgemacht. Wenn sie versuchte, sie übers Telefon zu erreichen, wurde nicht abgenommen. So ging es allen im Hause. Da hatte die alte Dame eine Idee. Sie pflanzte eine Sonnenblume in einem großen Topf und stellte sie auf ihren Balkon.
Die Blume wuchs sehr schnell und bald erreichte sie den oberen Stock – und damit den Balkon der Vermieterin. Und als die Sonnenblume zu blühen begann – die ältere Dame begoss sie täglich –, da leuchtete die Blüte genau auf der Höhe des oberen Balkons, wo die Vermieterin wohnte. Da freute diese sich so sehr, dass sie hinunterging und sich für die Sonnenblume bedankte. So kamen sie ins Gespräch – und alle Hausbewohner schmunzelten erleichtert über den Trick der Dame mit der Sonnenblume.

Adalbert Ludwig Balling

FREUDE DARF NICHT EINSAM SEIN

Der libanesische Künstler und Schriftsteller Khalil Gibran erzählt in seinem Bändchen „Der Narr" hintergründige, tiefsinnige Fabeln. Eine handelt von der Freude:

„Als meine Freude zur Welt kam, hielt ich sie in meinen Armen, stieg auf das Dach und rief: Kommt, Nachbarn, kommt und seht das frohe Ding, wie es in der Sonne lacht! Aber keiner der Nachbarn kam, um meine Freude anzusehen. Das überraschte mich sehr. Sieben Monate lang rief ich jeden Tag meine Freude auf dem Hausdach aus – aber niemand beachtete mich. So blieben meine Freude und ich allein, ungesucht und unbesucht. Weil ich kein anderes Herz entflammen konnte und weil nur meine Lippen die ihren küssten, wurde meine Freude blass und krank. Und dann starb meine Freude an der Einsamkeit ..."

Die Freude starb, weil sie sich nicht mitteilen konnte. Freude darf nicht einsam sein. Freude braucht Gesellschaft. Das alte Sprichwort sagt es treffend: Geteilte Freude, doppelte Freude! Wirklich freuen können wir uns immer nur dann, wenn wir bereit sind, andere daran teilnehmen zu lassen. Aber,

auch das lehrt uns die Fabel des Libanesen, man muss auch bereit sein, die Freude anderer anzunehmen, offen sein für die Freude der Mitmenschen, damit sie sich verdopple. Das fällt uns leider oft sehr schwer: sich mitfreuen, wenn andere sich freuen!
Vielleicht sollten wir öfter darum beten – um diese Fähigkeit, sich mitzufreuen.
Überhaupt: Um Freude beten, wie wir um das tägliche Brot beten! Um Schutz und Segen. Um Gnade und Licht.

Herr, schicke Freude in mein Herz, Freude in meine Seele, Freude auf meine Zunge, Freude in meine Augen, Freude in meine Ohren, setze Freude zu meiner Rechten, Freude zu meiner Linken; Freude hinter mich und Freude vor mich, Freude über mich und Freude unter mich; bring Freude in meine Nerven und Freude in mein Fleisch, Freude in mein Blut, Freude in mein Haar und Freude in meine Haut. Gib mir Freude, stärke meine Freude, mach mich zur Freude!
(Nach einem alten mohammedanischen Gebet, in dem statt Freude „Licht" steht.)

Adalbert Ludwig Balling

WER KNURRT, ERNTET KNURREN

Ein Hund hatte von dem Tempel der tausend Spiegel gehört. Er wusste nicht, was Spiegel sind, aber er wollte unbedingt den Tempel besuchen. Nach langer Wanderung kam er endlich an. Als er durch die Eingangstür gegangen war, blickten ihn aus tausend Spiegeln tausend Hunde an. Da freute er sich und wedelte mit dem Schwanz. Da freuten sich auch in den Spiegeln tausend Hunde und wedelten mit dem Schwanz. Der Hund verließ den Tempel und dachte: Die Welt ist voller freundlicher Hunde. Von da an ging er jeden Tag in den Tempel.
Am Nachmittag kam ein anderer Hund in den Tempel der tausend Spiegel. Als er durch die Eingangstür gegangen war, blickten ihn aus tausend Spiegeln tausend Hunde an.
Der Hund bekam Angst, zeigte die Zähne und knurrte. Da knurrten aus den Spiegeln tausend Hunde zähnefletschend zurück. Der Hund zog den Schwanz ein, eilte davon und dachte: Die Welt ist voller böser Hunde. Nie wieder wollte er in diesen Tempel gehen.
In der Welt ist es wie im Tempel der tausend Spiegel: Wer knurrt, erntet Knurren; wer freundlich ist, bekommt Freundlichkeit zurück.

DIE ALTE DAME AM STRASSENRAND

In einem kleinen Städtchen an der Saar: Eine alte Frau verlässt das Altersheim, schlurft langsam und vorsichtig auf dem Gehsteig entlang. Bleibt vor einem Zebrastreifen stehen. Wartet am Straßenrand. Ein Lastwagen braust heran, stoppt. Hinter ihm eine Autoschlange. Der Lkw-Fahrer macht der alten Dame ein Zeichen: Sie möge hinübergehen. Diese winkt freundlich ab und ruft dem Fahrer zu: „Danke! Sehr lieb und nett von Ihnen. Aber ich habe ja Zeit. Viel Zeit!“ Der Laster fährt etwas weiter, dann parkt der Fahrer sein Vehikel, steigt aus und geht zurück zu der alten Frau. Er gibt ihr die Hand und sagt: „Ich muss mir doch den Menschen etwas näher ansehen, der heute noch Zeit hat!“ Grüßt die alte Dame, gibt ihr nochmals die Hand und geht wieder zurück zu seinem Fahrzeug. Ehe er weiterfährt, winkt er der Frau noch einmal zu.

Eine Alltagsbegebenheit. Tausende ähnliche gibt es täglich. Sicht- und hörbar für jeden von uns. Wir sollten uns darüber freuen. Sollten solche Episoden weitererzählen. Sollten uns und andere aufmuntern, ebenso zu handeln. Es wäre so viel mehr Freude und Licht in dieser Welt!

Mahatma Gandhi, der große indische Freiheitskämpfer, schreibt: „Für eine Schale Wasser gib ein tüchtiges Mahl. Für einen freundlichen Gruß neig' dich zur Erde. Für einen bloßen Pfennig zahle zurück in Gold. Wer dein Leben rettet, dem enthalte das Leben nicht vor. Achte auf die Worte und Taten des Weisen: Sie vergelten jeden kleinen Dienst zehnfach. Doch der wahrhaft Edle gibt mit Freude Gutes für das Üble, das man ihm antat."

Adalbert Ludwig Balling

DIE VERSCHWENDERISCHE SONNE

Eine „Gutenachtgeschichte“ nach Gianni Rodari erzählt: Die Sonne zog am Himmel hin, heiter und stolz auf ihrem Feuerwagen. Voller Freude streute sie ihre goldenen Strahlen nach allen Seiten, zum großen Ärger einer grauen schlecht gelaunten Wolke, die murrte: „Verschwenderin, Vergeuderin, wirf deine goldenen Strahlen nur weg, wirf sie nur weg, du wirst schon sehen, was du am Schluss übrig behältst.“
Jede kleine Traube, die im Weinberg an ihrem Rebstock reifte, holte sich in der Minute einen goldenen Sonnenstrahl, ja sogar zwei, und da waren kein Grashalm, keine Spinne, keine Blume, kein Wassertropfen, die sich nicht ihren Teil Sonne genommen hätten. „Lass dich nur von allen ausrauben, du wirst schon sehen, wie sie dir dafür danken, später, wenn du nichts mehr hast“, brummte die Wolke. Die Sonne aber setzte fröhlich ihre Reise fort und verschenkte großmütig ihre Strahlen nach rechts und links, Millionen, Milliarden goldener Strahlen. Erst als die Dämmerung heraufkam, zählte sie die Strahlen, die ihr geblieben waren. Und schaut her! Es fehlte ihr nicht einer. Keiner. Nicht ein einziger.

Die graue Wolke aber, von Staunen und Zorn übermannt, platzte in lauter eisige Hagelschloßen auseinander. Die Sonne aber tauchte fröhlich ins Meer.

Es stimmt: Wer sich anderen „mit dem Herzen“ (Antoine de Saint-Exupéry) schenkt, wer ihnen hilft – selbstlos und ohne erwartete Gegenleistung, hilft sich selbst, wird innerlich frei, froh und glücklich. Denn nichts in der Welt kann uns Menschen so sehr beglücken wie das Bewusstsein, anderen einen Dienst zu erweisen, für andere da sein zu dürfen, anderen etwas zu geben, was ihnen nur ein Mensch geben kann, der nicht auf Gegenleistung pocht.

Reinhard Abeln

EIN KREISLAUF DER FREUDE

Eines Tages kommt ein Landwirt zum Kloster, der den Pförtner gut kennt. In der Hand hat er eine große Weintraube mit saftigen Beeren. „Bruder Pförtner, ich habe die schönste Weintraube aus meinem Weinberg mitgebracht. Raten Sie mal, wem ich damit eine Freude machen will?“ Der Bruder überlegt. „Dem Abt oder sonst einem Pater, ich weiß es nicht.“ – „Ihnen!“ Der Bruder wird ganz rot vor Freude. „Mir? Sie haben an mich gedacht?“ Er findet kaum Worte. „Ach ja“, sagt der Bauer glücklich, „wir sprechen so oft miteinander und ich brauche so oft Ihre Hilfe, warum soll ich Ihnen nicht einmal eine Freude machen?“ Und die Freude, die er im Gesicht des anderen sieht, die macht ihn innerlich selbst froh.

Der Bruder Pförtner legt die Weintraube vor sich hin. Ach, die ist viel zu schön, um etwas davon abzupflücken. Den ganzen Nachmittag erfreut er sich an ihrem Anblick. Dann hat er eine Idee: „Wenn ich die jetzt unserem Vater Abt schenke, was für eine Freude wird er haben!“ Und der Bruder gibt die Traube weiter. Der Abt freut sich wirklich. Und als er abends einen kranken Pater in seinem

Zimmer besuchen will, da kommt ihm der Gedanke: „Den kannst du sicher mit dieser Traube froh machen.“ So wandert die Traube weiter. Sie bleibt nicht bei dem Kranken. Sie wandert immer weiter. Schließlich bringt sie ein Mönch wieder zum Bruder Pförtner, um ihm eine Freude zu machen. Er wusste natürlich nicht, dass die Weintraube von ihm ausgegangen war. So hatte sich der Kreis geschlossen. Ein Kreis der Freude.

Überliefert

PATER PIRMINS SÜDAFRIKAREISE

Er war über viele Jahre Französischlehrer an einer Schweizer Mittelschule. Während einer Südafrikareise lernte er mehrere katholische Missionsstationen kennen. Nach einem Abendgottesdienst luden die Frauen der Pfarrei zum Essen ein: Es gab Reis mit Hühnchen. Pater Pirmins Eindrücke: „Wir aßen mit gutem Appetit. Dabei fiel mir auf, wie mehrere Kinder herumstanden und uns aufmerksam beim Essen zuschauten. Irgendwie störte mich das. Da erklärte mir der Missionar, die Kinder würden auf das warten, was wir übrig ließen – auf die Hühnerbeinchen! Das sei so üblich; und die guten Frauen bestünden darauf: Erst der Missionar, dann die hungrigen Kindermäuler! Und er fügte lächelnd hinzu: „Jetzt ist es unsere Ehrensache, an den Knöchelchen noch etwas dranzulassen; je mehr, desto besser für die Kinder!"

Bei einem anderen Mitbruder auf einer anderen Station, wo Pater Pirmin ebenfalls als Landsmann vorgestellt wurde, griff er nach der Messe in die Tasche und überließ den Kindern eine Tüte leckerer Schweizer Bonbons: „Ich kam mir zwar vor wie der gute Onkel aus Übersee, aber die Kleinen langten freudig zu und lutschten genüsslich." Doch dann fiel ihm auf, dass eines der Schulmädchen die erhaschten Bonbons sorgfältig in seine Westentasche steckte. Vom Missionar nach dem Grund gefragt, sagte es leicht verlegen: „Ich habe daheim noch kleinere Geschwister; mit ihnen will ich meine Bonbons teilen."

Adalbert Ludwig Balling

DAS BESTE AUF DER WELT

Das beste Mittel, jeden Tag gut zu beginnen, ist: beim Erwachen daran zu denken, ob man nicht wenigstens einem Menschen an diesem Tage eine Freude machen könnte.

Friedrich Nietzsche

Wer anderen eine Freude macht,
beschenkt sich selbst.

Ralph Boller

Freude ist Kraft. Wer tieffroh ist,
kann viel leichter gut sein.

Werner de Boor

Das Beste, was wir auf der Welt tun können,
ist Gutes tun, fröhlich sein und
die Spatzen pfeifen lassen.

Don Bosco

Für wahrhaft gute Menschen gibt es
keine größere Freude,
als anderen Freude zu bereiten.

Bischof Wilhelm Keppler

ANSTECKENDE HEITERKEIT

Es gibt Menschen, die stecken andere an –
mit ihrer Fröhlichkeit, mit ihrem Optimismus,
mit ihrem Humor.

Es gibt Menschen, die strahlen etwas aus.
In ihrer Gegenwart fühlen wir uns wohl.
Ihr Reden ermuntert, ihr Schweigen ist beredt.
Sie meiden das Laute; sie lieben die Stille.

Es gibt Menschen, die wünscht man sich zu
Freunden. Sie sind uns sympathisch
vom ersten Augenblick unserer Begegnung an.
Sie wirken gelassen, herzlich, selbstlos.

Es gibt Menschen, die künden Freude
schon allein durch ihr Da- und Sosein.
Sie leben die Frohbotschaft ...

Adalbert Ludwig Balling

HOFFNUNGS-LOSE FÜR HOFFNUNGSLOSE

Ein junger Mann mit grüner Gärtnerschürze und einem großen Korb zwängte sich durch die Menge des Kirchentages und rief: „Hoffnungs-Lose für Hoffnungslose!" Die Leute stutzten, schmunzelten und griffen zu. Die Lose, in Minikuverts verpackt, enthielten je einen Sonnenblumenkern nebst einem Begleitbriefchen. „Du kannst diesen Sonnenblumenkern aufheben und ihn als Glücksbringer für dich behalten. Du kannst ihn aber auch in die Erde senken und begießen und dann die junge Pflanze pflegen, bis sie groß wird. Mit der blühenden Sonnenblume könntest du jemandem eine Freude machen. Du kannst aber auch die Pflanze reifen lassen, bis sie Kerne trägt; diese kannst du verschenken an jene, die Freude und Hoffnung und Liebe brauchen. Du kannst aber auch einige der neu gewonnenen Kerne zurückbehalten und wieder in die Erde senken – und neue Sonnenblumen pflanzen und abermals Hoffnung und Freude verschenken!"
Hoffnung verschenken? Ja, und damit eine Kettenreaktion der Freude auslösen. Hoffnung haben heißt: Zukunft haben.

Adalbert Ludwig Balling

Lachen
ist die beste Medizin

DEM LACHEN EINE CHANCE GEBEN!

Es war eine merkwürdige Idee, die da eine Firma gehabt hat. Sie schrieb einen Wettbewerb für Journalisten aus, in dem es darum ging, sieben moderne Weltwunder zu nennen, die mit den Weltwundern des Altertums konkurrieren können. Sie wissen ja: die ägyptischen Pyramiden, die hängenden Gärten von Babylon, der Koloss von Rhodos ... Aber eben moderne Weltwunder. Die sollten sie rauskriegen. Na, man kann sich denken, was es da für überraschende Antworten gab: von der Raumfahrt bis zur Pille.

Aber am erstaunlichsten war eigentlich die Antwort einer Journalistin. Sie meinte, es sei ein Weltwunder, dass die Menschen in der Welt überhaupt noch lachen können. Tatsächlich – ein Weltwunder! Natürlich weiß diese Journalistin, dass die Zeiten ernst sind, dass es genug unter uns gibt, die wahrhaftig nichts zu lachen haben. Vielleicht sagt sie deshalb: ein Wunder, dass Menschen in der Welt noch lachen können!

Ja und wie ist es mit Ihnen? Fällt das Lachen aus oder ist es bei Ihnen auch eines von den Weltwundern, weil es so selten vorkommt? Manches Mal sehnen wir uns ja nach einem Lachen wie nach guter frischer Luft. Und wenn jemand in unserer Nähe ist, der mit seiner Heiterkeit ansteckend wirkt: Wie wohltuend ist das! Wir sind uns einig, glaube ich: Es geht nicht um das verächtliche, spöttische Gelächter und schon gar nicht um das, was man in einem Lachsack kauft. Aber um das freie ungelöste Lachen.

Ist es so, dass es eigentlich der letzte Ton einer langen Melodie ist, die schon lange zuvor unhörbar zu spielen begonnen hat? Denn der russische Dichter Jewtuschenko hat doch recht, wenn er irgendwo schreibt: „Jeder Mensch gleicht einer Melodie." Und welcher gleichen Sie? Derjenigen, in der auf Dur gestimmt das Lachen seinen Platz hat? Oder wo auf Moll gestimmt die Töne mehr Traurigkeit andeuten und mehr Resignation als Freude am Leben?

Natürlich, ich weiß auch: Das Weinen hat seine Zeit, das Lachen hat seine Zeit. Vom Weinen hören und reden wir viel und von Traurigkeit auch. Aber Zeit zum Lachen? Nehmen wir sie wahr? Heute zum Beispiel! Es wird doch Gelegenheiten geben, wo wir angesteckt werden oder vielleicht ansteckend wirken. Zuletzt gibt es dieses Lachen eigentlich aus einer großen Unbefangenheit heraus, vielleicht sogar aus einem tiefen Gottvertrauen heraus, das in uns ein Ja zum Leben bewirkt. Und wie sollte dieses Ja nicht auch sich ausdrücken in der Freude, im Lachen, manchmal im Lächeln, im Schmunzeln. Ein paar Leute von dieser Art wünsche ich Ihnen heute um sich herum – mir übrigens auch. Und vielleicht gehören wir selbst zu denen, die dem Lachen eine Chance geben.

Johannes Kuhn

LACHEN MUSST DU SELBST

Auf einer Häuserwand in einer deutschen Großstadt stand zu lesen: „Das Gesicht ist dir geschenkt, lachen musst du selbst!“ Die Weisheit dieses Graffitos ist einsichtig: Uns wird vieles geschenkt, aber einiges müssen wir selbst tun. „Gott hat dem Menschen aus dem Paradies ein paar Dinge hinterlassen: die Sterne, die Blumen, die Augen der Kinder ...“ (Johannes Chrysostomos). Es liegt an uns, an jedem Einzelnen, die Sterne zu bewundern, den Duft der Blumen zu erkennen, das fröhliche Lachen in den Kinderaugen zu sehen. Daher solltest du dich von Zeit zu Zeit selbst fragen: Was sonst müsste ich selbst tun? Was würdest du anders machen, wenn du noch mal von vorne leben dürftest? Eine erfolgreiche Frau antwortete so: Wenn ich noch einmal mein Leben leben dürfte, würde ich mich öfter an Gänseblümchen erfreuen!

Du auch?

Adalbert Ludwig Balling

EIN LIEBENSWERTER EINFALTSPINSEL

Eine schon oft erzählte Episode berichtet von einem Mann, der sich beim Hausarzt über seine schrecklichen Kopfschmerzen beklagte; der Doktor möge ihm bitte etwas dagegen verschreiben! Der Arzt stellte zuvor noch ein paar Fragen an den Patienten: Ob er trinke? – Der Mann verneinte. Ob er rauche? – Nein! Er halte Rauchen wie Trinken für große Laster. Der Arzt bohrte weiter: Sind Sie vielleicht nachts viel unterwegs – in gewissen Stadtteilen? – Ganz entrüstet erwiderte der Mann: Wie könne er nur so etwas fragen?! Er gehe jeden Abend um zehn ins Bett ... „Diese Ihre Kopfschmerzen, sind sie scharf und stechend?“ – Genauso seien sie, antwortete der Patient; sie seien sehr scharf und stechend! Jetzt wurde der Doktor ganz ernst: „Junger Mann, die Sache ist geklärt, der Grund Ihrer Schmerzen aufgedeckt: Ihr Heiligenschein sitzt zu eng: Wir müssen ihn ein wenig lockern ...“

Adalbert Ludwig Balling

GROSSVATERS BART

Der kleine Emil ist auf Besuch bei seinem Großvater. Der alte Herr versteht es großartig, mit seinem Enkel umzugehen, und dieser wieder hängt mit großer Liebe an seinem Großvater und alles, was dieser macht und tut, findet die Bewunderung des kleinen Mannes. Schon das Äußere des Großvaters ist ihm bewundernswert – besonders der lange graue Bart, der ihm bis auf die Brust herabhängt, und die große blanke, wie ein Vollmond schimmernde Glatze. Als nun der kleine Emil wieder einmal zwischen den Knien seines im Klubsessel ruhenden Großvaters steht, fragt er: „Großvater, sag, bist du auch einmal ein kleiner Junge gewesen?“ „Aber freilich“, sagt der Großvater, „freilich bin ich auch einmal ein kleiner Junge gewesen, so klein wie du – und noch kleiner!“ Da klatscht Emil vor Freude und Vergnügen in die Hände und ruft mit Lachen: „Aber Großvater, musst du komisch ausgesehen haben – mit deiner Glatze und deinem langen Bart!“

Volksgut

LACH MAL WIEDER

Eine alte Lebensweisheit lautet: „Lachen ist die beste Medizin, die am wenigsten kostet und am sichersten hilft.“ Hier ein paar Kostproben:

Der kleine Christoph geht ins medizinische Fachgeschäft. „Ist das Hörgerät für meinen Opa fertig?“, fragt er. – „Noch nicht, mein Junge“, antwortet der Inhaber freundlich. „Braucht es dein Opa denn so dringend?“ – „Das nicht“, erwidert der Kleine, „aber meine Oma möchte ihm mal wieder so richtig den Marsch blasen!“

Ein altes Ehepaar rief im Fernsehgeschäft an und verlangte dringend einen Elektriker. Als er kam, empfing ihn die Frau fröhlich an der Tür und sagte. „Es ist alles wieder in Ordnung.“ – „Dann war’s eine kleine Sache, was?“ – „Ach, es war gar nichts mit dem Apparat. Wir hatten nur unsere Brillen vertauscht.“

Der älteste Bürger der Stadt wird interviewt. 102 Jahre ist er alt. „So, Sie sind also der älteste Einwohner unserer Stadt?“ – „Nein“, flüstert der Alte, „meine Frau ist zwei Jahre älter. Aber das darf niemand wissen!“

„Regen Sie sich nicht auf“, sagt der Arzt zur Patientin, „ich habe Sie genau untersucht. Mit Ihrem Leiden können Sie ohne Weiteres achtzig Jahre alt werden.“ – Die Patientin erschrickt und fällt in tiefe Ohnmacht. Der Arzt bringt sie wieder zu sich und meint: „Warum fallen Sie denn um, wenn ich Ihnen sage, dass Sie leicht achtzig Jahre alt werden können?“ – „Wissen Sie, Herr Doktor“, antwortet die Patientin, „ich bin doch schon siebenundachtzig!“

Der Pfarrer hat der kranken Großmutter die Krankenölung gespendet. Am anderen Tag trifft er ihren Enkel und fragt: „Na, Michael, wie geht’s denn deiner Oma?“ – Darauf der Junge: „Danke, Herr Pfarrer, seit dem Ölwechsel geht’s ihr wieder besser!“

Reinhard Abeln

VERSCHIEDENE WERTE

Von der Kanzel aus bemerkte ein Pfarrer, und nicht gerade zu seiner Freude, dass ein Opa, der mit seinem neunjährigen Enkel immer in der gleichen Bank saß, stets kurz nach Beginn der Predigt einnickte und dann bald auch hörbar schnarchte. Er nahm sich also heimlich den Jungen vor: „Harald, du musst aufpassen, dass dein Opa bei der Predigt nicht einschläft und schnarcht. Musst ihn anstoßen oder am Ärmel ziehen! Kriegst dafür jeden Sonntag einen Euro!" Tatsächlich, mit Freude konnte der Pfarrer am nächsten Sonntag feststellen, wie der Opa über Wasser gehalten wurde. Doch dann war es wieder vorbei, der Opa hielt wie sonst seinen Predigtschlummer. „Aber, Harald, was ist denn los?", fragte der Pfarrer den Jungen, „Du hast ja deinen Opa nicht munter gehalten!" „Entschuldigen Sie, Herr Pfarrer, aber er gibt mir dafür jeden Sonntag ... zwei Euro!"

Reinhard Abeln

DIE SCHÖNE PREDIGT

Ein Kleinstadtpfarrer hat gepredigt, dass jeder sich mit seinem Schicksal abfinden müsse. Neid und Missgunst gegen scheinbar Bessergestellte sei von Übel. Jeder werde nur in seinen ihm eigentümlichen Verhältnissen glücklich, das entspreche seiner Veranlagung und dem göttlichen Willen. Um die natürliche Verschiedenheit der Unterschiede deutlich zu machen, führt er Beispiele an; so gedeihen z. B. manche Blumen, wie die Rosen, nur in der Sonne, während andere, etwa die Fuchsien, den Schatten bevorzugen ...

An einem der nächsten Tage trifft er ein altes Mütterchen auf der Straße; die redet ihn an: „Grüß Gott, Herr Pfarrer! Das war aber mal eine schöne Predigt am letzten Sonntag!" „Freut mich sehr! Und was hat Ihnen denn am besten darin gefallen?" „Nun, Herr Pfarrer, jetzt weiß ich, warum bisher meine Fuchsien nie recht gedeihen wollten!"

Reinhard Abeln

DER „SALTO LITURGICUS“

Sie war zur Anmeldung eines Sterbefalles gekommen. Wir hatten alle Formalitäten erledigt und sprachen dann noch eine Weile von dem Verstorbenen. Schließlich stand sie auf, um zu gehen. Da sie aber immer noch zögerte, erkannte ich, dass sie noch etwas auf dem Herzen hatte. „Ist noch etwas?“, fragte ich sie.

Zuerst druckste sie herum, aber dann kam sie doch heraus damit: „Also, bei der Beerdigung der alten Frau Reimser, da haben Sie am Schluss nach dem Segen so einen Sprung über das Grab gemacht. Ganz schön hat das ausgesehen, wie wenn ein Engel darüber fliegt. Wenn es Ihnen nichts ausmacht, könnten Sie das bei uns auch – oder?“ – Und nun blickte sie ganz ernst: „Kostet das etwas extra?“

Ich verstand sie erst gar nicht richtig, bis mir einfiel, dass bei jener Beerdigung plötzlich am Schluss der weiche Erdboden am Grabrand unter mir nachgab, sodass ich mich vor einem Hineinschlittern nur mit einem kühnen Sprung auf die andere Seite retten konnte. Das also hatte sie gemeint. Als ich ihr erklärte, wie es zu diesem Sprung kam, schien ihr die Deutung gar nicht so recht zu gefallen. Sie hätte es ganz gern gesehen: diesen Sprung mit weit wallendem Talar und ausgebreiteten Händen – einem Engel gleich. Kollegen, denen ich später davon erzählte, sprachen nur noch von einem „Salto liturgicus“.

Johannes Kuhn

SCHMUNZELND DEM TOD ENTGEGENGEHEN

Als eine 90-jährige Dame zu dem 95-jährigen Bernard Le Bovier (1657–1757) sagte: „Der Tod hat uns anscheinend vergessen“, antwortete dieser – die Hand vor dem Mund: „Psst! Ganz leise. Wir wollen ja nicht auf uns selber aufmerksam machen!“

Der Frankfurter Bankier Amschel Maier Rothschild zu seinem Hausarzt: „Nun geht es dem Ende entgegen, oder?“ – Der Arzt widersprach vehement. „Wo denken Sie hin, Herr Baron? Sie können noch 100 Jahre alt werden!“ Rothschild schmunzelte verschmitzt: „Ach, wenn mich der liebe Gott kann haben mit neunundsiebzig, da wird er mich doch nicht nehmen zu hundert!“

Ein Tiroler Bergbauer wurde auf dem Sterbelager vom Pfarrer gefragt, ob er seinen Frieden mit dem Herrgott gemacht habe. „Wieso Frieden?“, wollte der Alte wissen. „Wir haben doch nie Krach gehabt!“

Adalbert Ludwig Balling

HAB SONNE IM HERZEN

Hab Sonne im Herzen, ob's stürmt oder schneit,
ob der Himmel voll Wolken,
die Erde voll Streit!

Hab Sonne im Herzen,
dann komme, was mag!
Das leuchtet voll Licht dir
den buntesten Tag.

Hab ein Lied auf den Lippen
mit fröhlichem Klang
und macht auch des Alltags
Gedränge dich bang!

Hab ein Lied auf den Lippen,
dann komme, was mag!
Das hilft dir verwinden
den einsamsten Tag.

Hab ein Wort auch für andre
in Sorg und in Pein
und sag, was dich selber
so frohgemut lässt sein:

Hab ein Lied auf den Lippen,
verlier nie den Mut,
hab Sonne im Herzen
und alles wird gut!

Cäsar Flaischlen

Gott ist ein „Gott der Freude"

MATTHÄUS 14,27

Auch Papst Leo XIII. konnte nicht umhin, sich ab und zu malen zu lassen. Einmal musste der greise Papst feststellen, dass entweder er selbst oder der Maler eine falsche Vorstellung über sein Aussehen haben müsste. Doch lächelnd hielt er still. Als das Bild endlich fertig war, bat der Maler den Papst, er möchte ihm einen passenden Spruch angeben, damit er ihn unten auf das Bild setzen könnte. Der Papst nickte und sagte: „Dann bitte, pinseln Sie darunter kurz: ‚Matthäus 14,27 – Leo XIII.'" Das war bald geschehen. Der Maler eilte nach Hause und schlug voller Neugier die betreffende Stelle in der Bibel nach. Er fand: „Ich bin es, fürchtet euch nicht!"

Reinhard Abeln

Leo XIII. war 94 Jahre alt, als ihm eifrige Gratulanten wünschten, er möge 100 Jahre erreichen. Der greise Papst lächelnd: „Man soll dem Wohlwollen Gottes keine Grenzen setzen!"

VERWUNDERUNG

Eines Tages kam der Kardinalstaatssekretär (= Außenminister im Vatikan) zu Papst Pius X. (1835–1914) zur üblichen Besprechung. Beim Eintreten blieb er verblüfft stehen: Der Heilige Vater nähte sich selbst einen Knopf an sein weißes Gewand. „Welche Beschäftigung!“, rief der Kardinalstaatssekretär erstaunt aus. „Wieso?“, lachte der Papst. „Ich bin doch gelernter Schneider. Aber über etwas anderes könnte man sich wirklich wundern, nämlich: Wie habe ich mir Nadel und Faden besorgt?“

Reinhard Abeln

DES BISCHOFS BUNTER KRAWATTEN-HUMOR

Als Dr. Otto Wüst zum Weihbischof von Basel geweiht wurde, schrieb ihm einer meiner Schweizer Mitbrüder, dass er sich über die Ernennung sehr gefreut habe, dass ihn aber eine zweifache Sorge plage, nämlich: ob die Gesundheit des neuen Bischofs den kräftezehrenden Anforderungen des Amtes gewachsen sei und was nun mit dessen farbenfrohen Krawatten geschehe. Nach der Bischofsweihe erhielt der Pater ein kleines Päckchen. Ihm lag ein Brief bei, mit dem sich der Bischof für die Glückwünsche bedankte. Wörtlich schrieb er: „Deine Sorge um meine Krawatten kann ich dir insoweit abnehmen, als ich die farbenfroheste von allen gern dir überlasse.“ Im Päckchen befand sich tatsächlich ein bunter Binder.

Mein Mitbruder, Pater Johannes Sigrist, bemerkte dazu: „Ich freute mich über das bischöfliche Geschenk und, vor allem, über den bischöflichen Humor. In der Kirche von morgen gibt es vielleicht Bischöfe mit bunten Krawatten. Wichtiger jedoch werden Bischöfe mit Humor sein!“ Richtig. Aber, so müssen wir in aller Offenheit wieder einmal fragen: Darf es überhaupt humorlose Jünger des Herren geben? Christen bar jeden Humors? Ich fürchte, wenn dieser Eindruck mitunter aufkam, hat wohl mit den Christen etwas nicht gestimmt. Denn Christ sein und ohne Humor sein – das passt nicht zusammen. Echter Humor (bitte, nicht mit Ausgelassenheit, Spott oder Sarkasmus verwechseln!) ist zutiefst christlich, ist Ausdruck christlicher Haltung. Humor und Hoffnung, Humor und Liebe, Humor und Zuversicht gehen Hand in Hand. Hatte Christus Humor? Die Evangelisten deuten es nur hauchdünn an. Wir müssen zwischen den Zeilen lesen lernen, um seinen Sinn für Humor zu entdecken. Als die Schriftgelehrten eine Dirne herbeiführten, schreibt er in den Sand und sagt: „Wer von euch ohne Sünde ist, werfe den ersten Stein auf sie!“ Der Schalk muss ihm dabei im Gesicht gestanden haben. – Als Petrus im Übereifer einem Soldaten das Ohr abhaut, fügt der Herr es wieder an und heilt die Wunde. Sicher nicht ohne humorvolles Schmunzeln. – Auf die Frage der Juden, wie er es mit dem Kaiser halte, sagt er: Gebt dem Kaiser, was des Kaisers ist, und Gott, was Gottes ist. Es ließen sich noch andere Beispiele biblischen Humors anführen; immer und überall dort, wo Liebe im Spiel ist, kann Humor nicht weit entfernt sein.

Adalbert Ludwig Balling

„WAS, GLEICH FÜNF?“

Papst Pius XI. erkrankte an seinem Lebensende schwer. Trotz der schwierigen Zeiten wurde dem prominenten Patienten jede Hilfe zuteil. Neben dem Leibarzt des Papstes umstanden zeitweise vier Spezialisten aus den besten Krankenhäusern Roms sein Krankenbett. Lächelnd meinte der bescheidene Papst: „Was, gleich fünf? Genügt nicht ein Einziger, um mich alten Mann ins Jenseits zu befördern?“

Reinhard Abeln

HUMORVOLLE BRÜDER

Dass Humor auch als christliche Tugend zu verstehen sei, bewiesen die Brüder einer Ordensgemeinschaft in einer westdeutschen Stadt. Sie erhielten einen Brief etwa folgenden Inhalts: „Aus Dankbarkeit und Freude darüber, dass mein

schwer kranker Hund wieder gesund geworden ist, möchte ich den Brüdern des heiligen Franziskus, der auch die Tiere in seine Güte mit einschloss, eine kleine Spende übergeben ..."
Die humorvollen Brüder antworteten dem Briefschreiber, übrigens Professor von Beruf: „Wir danken für Ihre freundliche Spende. Der Dankbarkeit gegen Gott ist ja keine Grenze gesetzt, wie der heilige Paulus im Epheserbrief feststellt: Danket allzeit Gott, dem Vater, für alles, im Namen unseres Herrn Jesus Christus! – Wir wünschen Ihnen weiterhin viel Freude an Ihrem Hund!"
Ich meine, wenn wir Christen mehr Humor hätten, wenn wir humorvoller miteinander umgingen – unser Leben wäre menschlicher, froher, lebenswerter. Und: Nietzsche und Gleichgesinnte hätten keinen Grund mehr zu klagen: Frohere Lieder müssten sie singen, um an ihren Gott glauben zu können!

Adalbert Ludwig Balling

FREUDE IST …

Freude

ist, wenn man – wie Franz von Assisi – die Sonne Schwester und den Mond Bruder nennt.

Freude

ist, wenn man – wie Papst Johannes – sich selbst nicht zu wichtig nimmt.

Freude

ist, wenn man – wie Don Bosco – die Spatzen pfeifen und die Buben raufen lässt.

Freude

ist, wenn man – wie Philipp Neri – Jungens lieber auf seinem Rücken Holz hacken lässt, als ihnen ein Ärgernis zu geben.

Freude

ist, wenn man – wie Thomas Morus – auch vor der Hinrichtung noch freundliche Worte für die eigenen Henker hat.

Freude
ist, wenn man – wie Teilhard de Chardin – sich eins fühlt mit dem Weltall.

Freude
ist, wenn man – wie Mutter Teresa – den Armen und Notleidenden beisteht.

Freude
ist, wenn man – wie Jesus Christus – Kinder auf den Schoß nimmt, auch wenn man sehr müde ist.

Adalbert Ludwig Balling

DAS TÄGLICHE BROT

Als Kaiser Franz Joseph von Österreich am 18. August 1910 seinen 80. Geburtstag beging, kamen Gratulanten aus allen Ecken der Erde. Das ungewöhnlich prunkvolle Festmahl eröffnete der rüstige Kaiser nach seinem Wunsch mit einem selbst gesprochenen Gebet. Dabei verhaspelte er sich ein wenig und sprach zur Freude der vielen Gäste: „Unser heutiges Brot gib uns täglich!“

Reinhard Abeln

DIE DREI ALTEN MÄNNER

Drei befreundete alte Männer saßen zusammen und sprachen von den Freuden der Jugend und der Last des Alters. „Ach“, stöhnte der eine, „meine Glieder wollen nicht mehr, wie ich will. Was bin ich doch früher gelaufen wie ein Windhund, und jetzt lassen mich meine Beine so im Stich, dass ich kaum mehr einen Fuß vor den anderen setzen kann.“ „Du hast recht“, pflichtete ihm der zweite bei. „Ich habe das Gefühl, meine jugendlichen Kräfte sind versickert wie das Wasser in der Wüste. Die Zeiten haben sich geändert und zwischen den Mühlsteinen der Zeit haben wir uns geändert.“ Der dritte, ein Mullah, ein Laienprediger, kaum weniger klapprig als seine Gefährten, schüttelte den Kopf: „Ich verstehe euch nicht, liebe Freunde. Ich kenne das alles von mir nicht, worüber ihr klagt. Ich bin genauso kräftig wie vor vierzig Jahren.“ Das wollten ihm die anderen nicht glauben. „Doch, doch“, ereiferte sich der Mullah. „Den Beweis dafür habe ich erst gestern erbracht. Bei mir im Schlafzimmer steht schon seit Menschengedenken ein schwerer eicherner Schrank. Vor vierzig Jahren habe ich versucht, diesen Schrank zu heben, aber was glaubt ihr, Freunde, was geschah? Ich konnte den Schrank nicht heben. Gestern kam mir die Idee, ich sollte einmal den Schrank anheben. Ich versuchte es mit allen Kräften, aber wieder schaffte ich es nicht. Damit ist doch eines klar bewiesen: Ich bin genauso kräftig wie vor vierzig Jahren!“

Aus Persien

VOM LEBEN FASZINIERT

Da sagte kürzlich eine nicht mehr ganz junge Frau: „Ich hätte früher niemals geglaubt, es niemals für möglich gehalten, dass ich das Leben jemals wieder schön fände! Mit 20, 30 ging's mir richtig dreckig. Ich war nahe daran aufzugeben. Aber jetzt, Sie werden es nicht glauben, jetzt freue ich mich über jeden neuen Tag. Beim Erwachen bin ich fasziniert von dem Gedanken: wieder ein neuer Tag, der dir gehört! Ich freue mich am Leben. An allem, was mich umgibt. Ich freue mich an der Freude. Ich freue mich an der Liebe. Meine 60 Jahre hindern mich nicht, mich wie neugeboren zu fühlen ..."
Woher dieses Glück? Dieses Freudegefühl? Dieses Ja zum Leben? Kam es plötzlich? Hält es schon seit längerer Zeit an? Erst als sie angefangen habe – so die Frau –, Gott zu trauen, sich ihm restlos anzuvertrauen, ohne Wenn und Aber, erst da habe sie so echte Lust am Leben verspürt. Erst als sie angefangen habe, das Evangelium von den Lilien auf dem Felde und den Sperlingen auf dem Dach zu begreifen, sei ihr das Leben geglückt. Ja, so beteuerte sie ein ums andere Mal, das Leben sei schön. Und lebenswert. Und wunderbar. Und faszinierend ...

Adalbert Ludwig Balling

FREUDE – EINE GOTTESGABE

Gott gibt auch dem alternden Herzen Freude; wer das begreift, wird das Leben nie abschreiben; und jeder Morgen ist ihm wie ein neuer Anfang.

Christoph Martin Wieland

Wer die Gottesgabe der Freude besitzt,
der wird wohl älter, aber niemals alt.

Reinhard Abeln

Freude ist das gigantischste Geheimnis
des Christen.

Gilbert Keith Chesterton

Freue dich jeglicher Freude,
weil jegliche Freude von Gott kommt!

Johann Caspar Lavater

Freut euch im Herrn zu jeder Zeit!
Noch einmal sage ich: Freut euch!

Phil 4,4

Wer stehen bleibt,
ehe er die Freude gefunden hat, bleibt stehen,
bevor er Gott gefunden hat.
Ernest Hello

Gott ist die Freude.
Deshalb hat er die Sonne
vor sein Haus gestellt.
Franz von Assisi

Wenn ich
an Gott denke,
ist mein Herz
so voll Freude,
dass mir die Noten
von der Spule laufen.
Joseph Haydn

„ER ABER LACHT, DER IN DEN HIMMELN WOHNT“

Von dem berühmten Maler Franz Marc stammen die Worte: „Wie kannst du eigentlich das Evangelium lesen und doch Angst haben? Tatsächlich, mir ist das gänzlich unverständlich. Lies deinen Nerven aus dem Evangelium vor, dann müssen sie doch ruhig werden!“ Ein Ratschlag, der allen modernen Christen ins Stammbuch geschrieben werden sollte. Franz Marc war nicht der einzige Prominente, der so von der Bibel dachte. Man könnte Dutzende, Hunderte von berühmten Männern und Frauen zitieren, für die die Heilige Schrift Lebensbuch war: Buch der Weisheit und Buch der Freude, Buch des Sich-selbst-Findens und Buch der Versöhnung.

Sogar der sonst nicht gerade religiös eingestellte Johann Wolfgang von Goethe hat einmal geschrieben: „Ich bin überzeugt, dass die Bibel immer schöner wird, je mehr man sie versteht, nämlich je mehr man einsieht, dass jedes Wort, das wir allgemein auffassen und im Besondren auf uns anwenden, nach gewissen Umständen, nach Zeit und Ortsverhältnissen einen eigenen, besonderen, unmittelbaren, persönlichen Bezug hat.“ Bibellesen und christlich leben ist alles andere als eine sauer-

töpfische Angelegenheit. Menschen, die nach dem Evangelium leben, sind frohe Menschen; sie freuen sich und haben Humor; sie stecken andere mit ihrem Frohsinn an. Sie wissen, „er aber lacht, der in den Himmeln wohnt“ (Altes Testament).
Hans Urs von Balthasar hat einmal geschrieben, man könne alle Dinge doppelt sehen, als Fakten und als Geheimnis. Stimmt. Man kann sie auch als Ausdruck der Freude und Liebe Gottes sehen, als Zeichen seiner gütigen, schmunzelnden Vaterliebe. „Die Engel lachen über den alten Karl; sie lachen über ihn, weil er die Wahrheit Gottes in einer Dogmatik fassen will; sie lachen darüber, dass sich Band an Band reiht, einer dicker als der andere. Lachend sagen sie zueinander: Seht, da kommt er mit seinem Handwägelchen voll Dogmatik! Und sie lachen über die Menschen, die so viel über Karl Barth schreiben, statt sich mit der Sache selbst zu beschäftigen. Ja, die Engel lachen!“ Karl Barth, der große evangelische Theologe, muss viel Sinn für Humor gehabt haben, um schmunzelnd sich und sein Werk infrage zu stellen. Humor und Gelassenheit ständen uns allen gut. Wir sollten uns um sie mühen wie um andere lebensnotwendige Dinge, Humor und Gelassenheit sind Tugenden. Die Tugenden der Christen!

Adalbert Ludwig Balling

„WIE KINDER FROMM UND FRÖHLICH“

Matthias Claudius, der so viel von der Heiterkeit verstand, die aus dem Vertrauen zu Gott kommt und für den jede gewohnte, alltägliche Kleinigkeit wie ein Eiszapfen oder ein paar Bratäpfel Anlass genug waren, ein Fest zu feiern, bittet:

Gott, lass dein Heil uns schauen ...
Lass uns gütig werden
und vor dir hier auf Erden
wie Kinder fromm und fröhlich sein.

Das ist es: Wir dürfen wie Kinder leben, die sich darauf verlassen, dass der Vater alles kann und hat, dass der Vater für die Kleidung sorgt und dafür, dass der Tisch gedeckt ist, der den Kummer beschwichtigt und gerne verzeiht und der den Kindern den freien Raum zum Spielen und Fröhlichsein schafft.

Johannes Kuhn

BETEN MACHT FROH UND GELASSEN

Es ist eine alte Erfahrung: Menschen, die beten, sind frohe Menschen. Das Gebet ist die stärkste Gegenkraft gegen Angst und Einsamkeit, Verunsicherung und Schuld, Verzweiflung und Traurigkeit. Es vermag am ehesten über jene schweren und schmerzhaften Stunden hinwegzuhelfen, wo man nicht nur mehr weiß, wie es weitergehen soll. Das Gebet, „der Atem der Seele", wie die Weisen aller Jahrhunderte sagen, hat schon vielen Menschen in der finstersten Finsternis Licht und Freude gebracht. Wer es pflegt und dabei überzeugt ist, dass Gott brennend an ihm interessiert ist, kann erfahren, dass sein Leben nicht einfach eine Seifenblase ist, die aufgeht, schillert, platzt und nichts übrig lässt als einen Tropfen Wasser, sondern dass es doch ein Schritt ist zu noch mehr Freude, Heiterkeit, Gelöstheit, Gelassenheit, Zufriedenheit – kurz zu noch mehr Leben – hin.

„Klopft an, dann wird euch geöffnet!", sagt Jesus jedem von uns (Lk 11,9). Und Jesus weiß, wovon er redet. Er selbst hat sich immer wieder Kraft und Hilfe beim Vater geholt. Er hat zum Beispiel im Garten Getsemani gebetet, als „Angst und Traurigkeit" ihn ergriffen (Mt 26,37). Und sein Gebet hatte Erfolg: Es kam ein Engel und tröstete ihn! Die Sprachforschung hat nachgewiesen, dass das Wort „Gott" das „angerufene Wesen" bedeutet. Das heißt: Gott ist einer, der immer zu sprechen ist, den man immer anrufen kann – ohne Voranmeldung, ohne Terminabsprache, der bereit ist, den Menschen anzuhören und ihm auch zu helfen. Sollten wir es darum nicht immer wieder mit einem „Anruf bei Gott" probieren? Dabei kommt es nicht darauf an, dass die Sätze, die wir an Gott richten, sorgsam ausformuliert sind. Gott braucht unsere wohlgewählten Worte nicht. Er kann auch aus Satzruinen – selbst aus unserem Schweigen! – das Richtige heraushören.

Gelegentlich trifft man auf Menschen, die eine seltsam mächtige Ruhe ausstrahlen – in ihrem Gesicht, in ihrer Stimme oder in ihrem ganzen Wesen. Es ist ziemlich sicher, dass dies Menschen sind, die beten können. So konnte Johannes XXIII. (1881–1963) das Wort sagen: „Der Mensch ist nie so groß, als wenn er kniet."

Reinhard Abeln

ES HAT NOCH ZEIT

Herr, nun bin ich also 60,
nach dem Himmel lechz' ich.
Doch, o Herr, das hat noch Zeit,
lang ist ja die Ewigkeit.

Füg, o Herr, noch 10 hinzu,
eh du gibst die ewige Ruh.
10 und 60, draus ergibt sich
die viel schön're Zahl von 70.

Höher steht sodann mein Ziel:
Nochmals 10 wär'n nicht zu viel!
Denn wer erst mal 70,
macht sich schließlich
Hoffnung auf die 80,
dieses Alter macht sich!

Herr, ich blieb doch nicht der Einzig',
der erreichte gar die 90.
Letztlich wär ich nicht verwundert,
brächt ich es einmal auf 100.

Wenn ich endlich 100 bin,
nimm, o Herr, mein Leben hin.
Lass mich tragen dann zu Grabe,
dass ich ewige Ruhe habe ...

Falls es nicht dein Wille sei,
dass zwei Jährlein oder drei
länger noch gelebt sein sollen,
Herr, ich würde dir nicht grollen.

Bischof Joannes Baptista Sproll zugeschrieben

INHALTSVERZEICHNIS

QUELLEN

Ein besonderes Dankeschön geht an jene Verlage, in denen ich seit vielen Jahren/Jahrzehnten publiziere und aus deren Büchern ich Kurzpassagen entnommen habe: Herder, Freiburg; Butzon & Bercker, Kevelaer; Morus, Berlin; Agentur des Rauhen Hauses, Hamburg; Bernward, Hildesheim; Neue Stadt, München; Kreuz, Stuttgart; Engelsdorfer, Leipzig – und, last but not least, Mariannhill, Würzburg.
Adalbert Ludwig Balling

Wir danken den genannten Inhabern von Textrechten für die freundliche Erteilung der Abdruckgenehmigung. Der Verlag hat sich bemüht, alle Rechteinhaber in Erfahrung zu bringen. Für zusätzliche Hinweise sind wir dankbar.